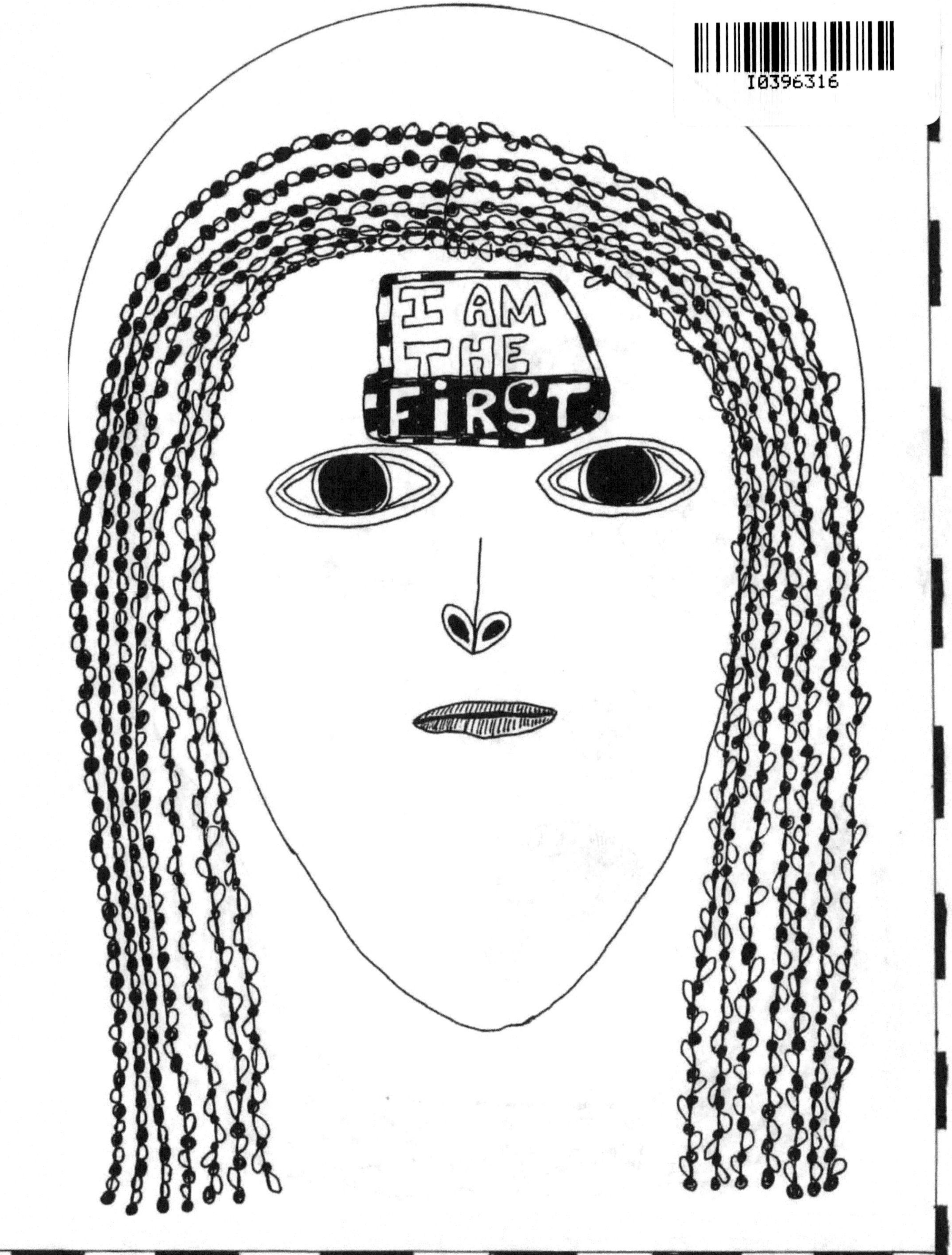

I0396316

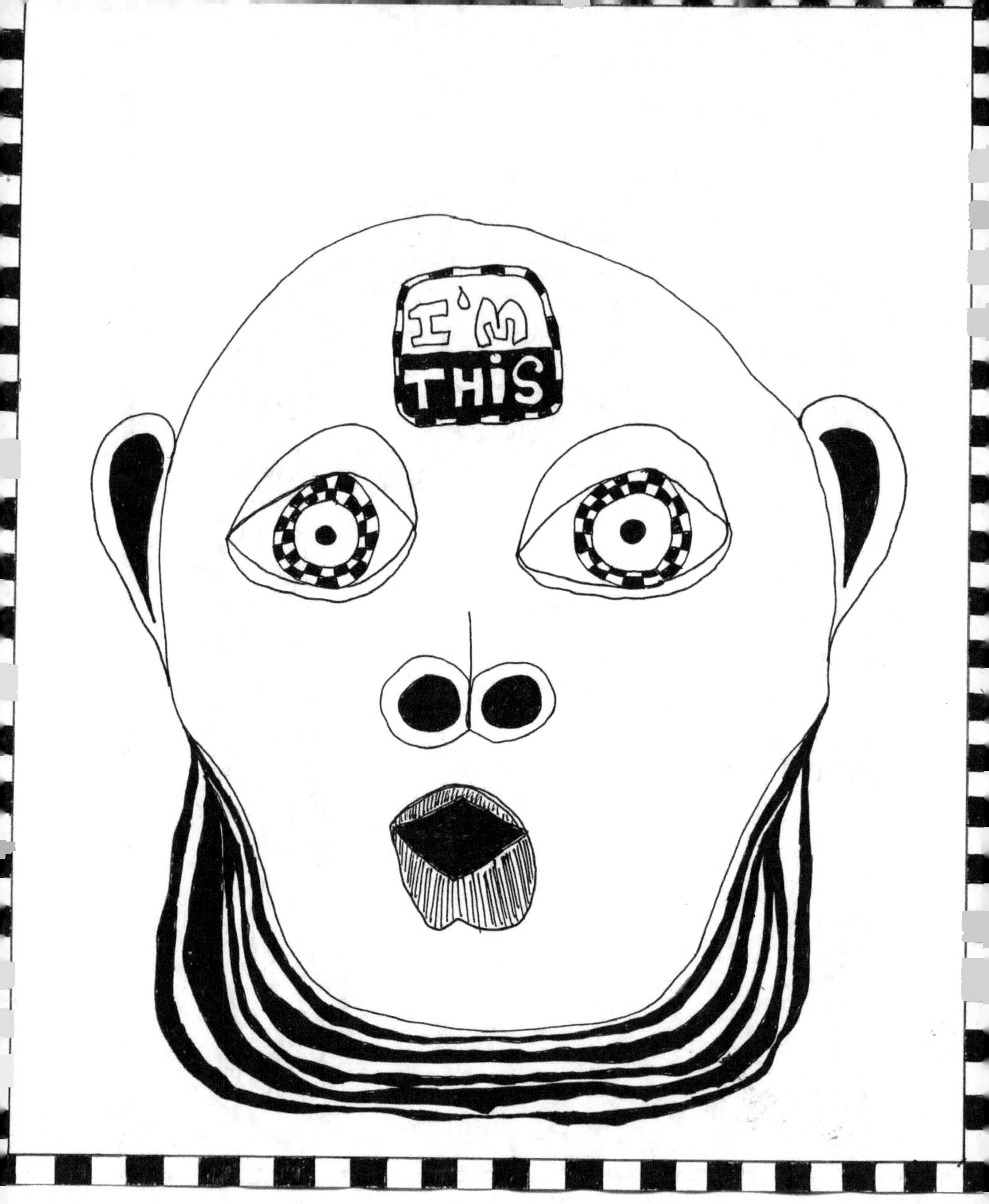
I'M
THIS

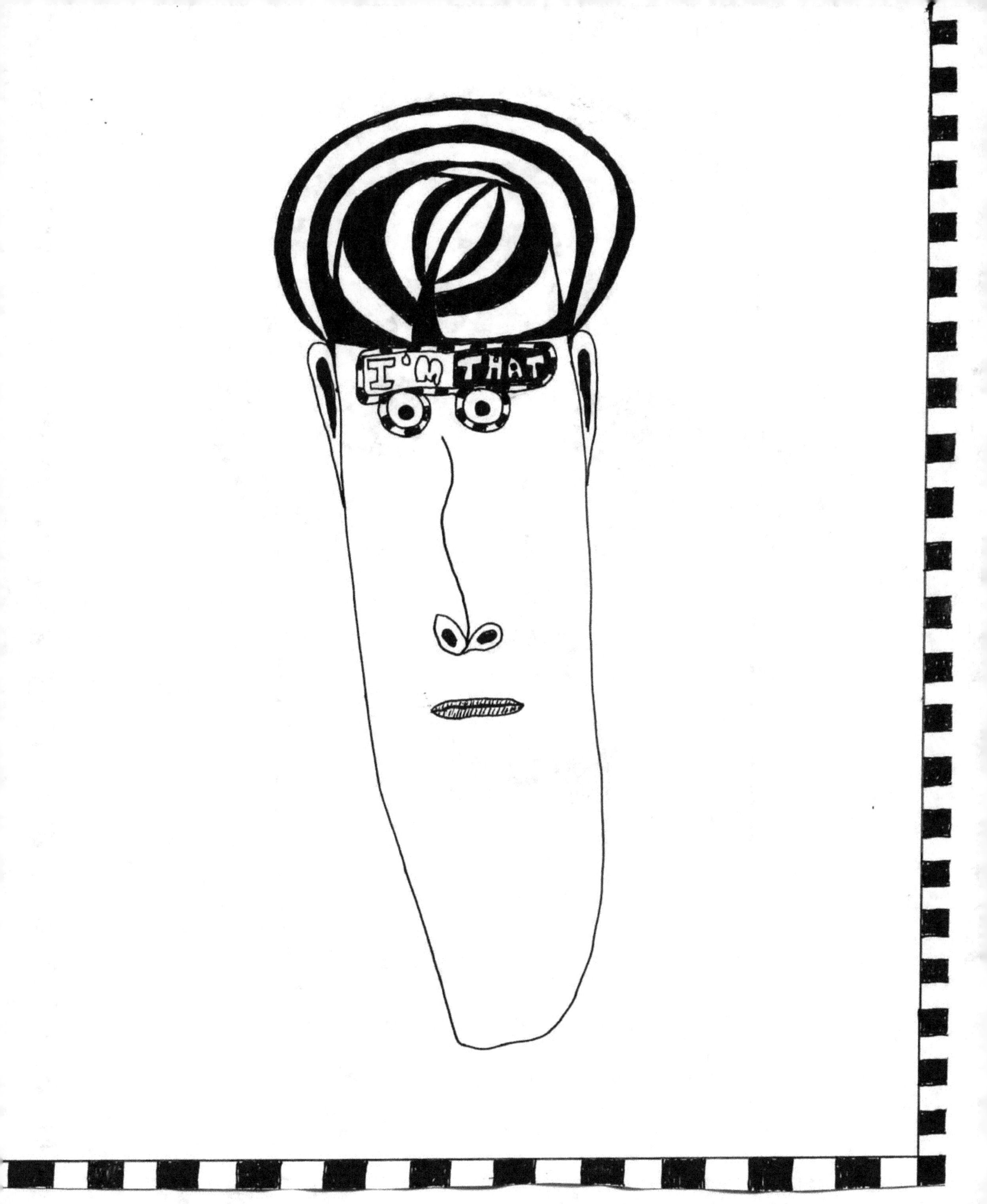
I'M THAT

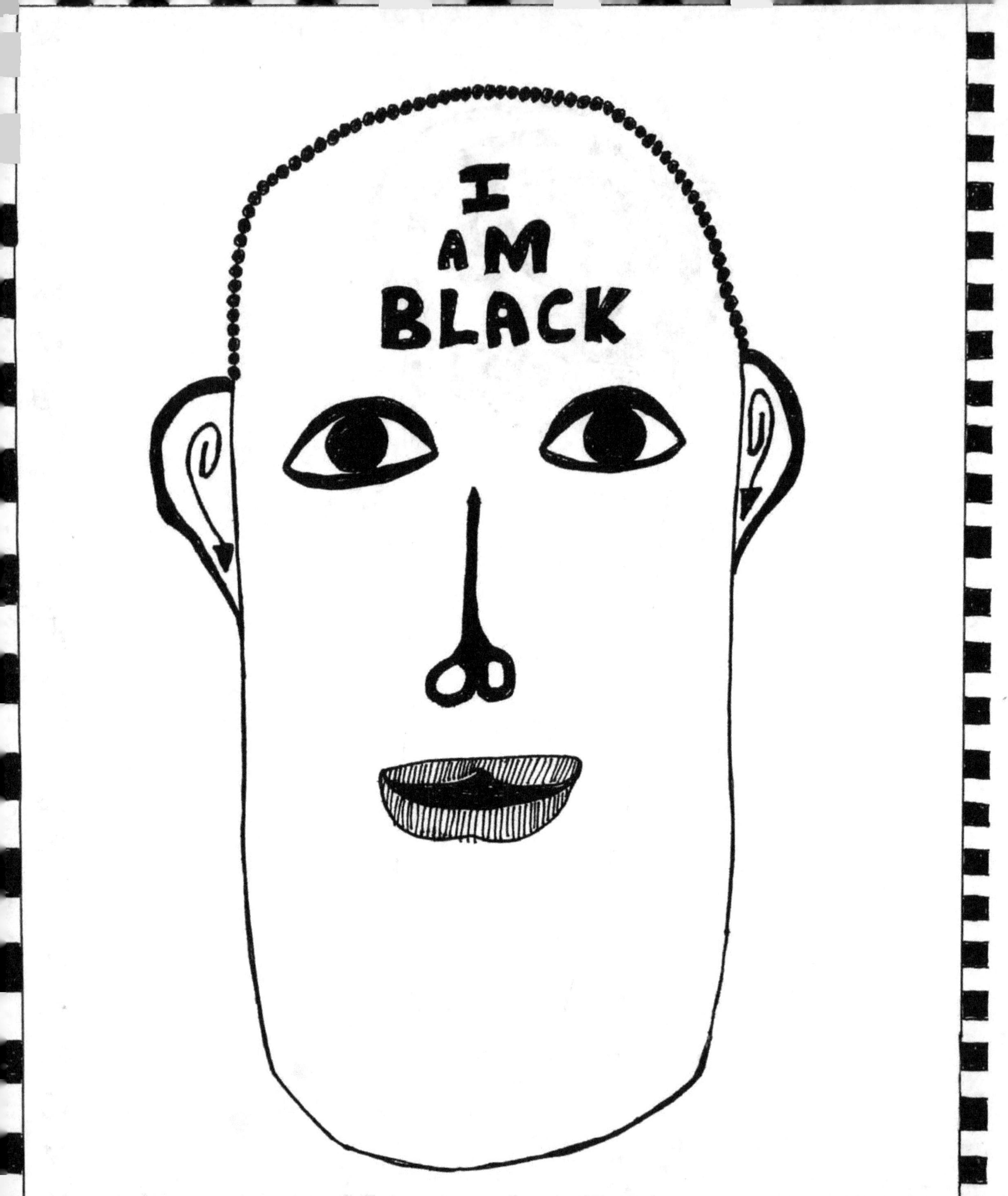
I AM BLACK

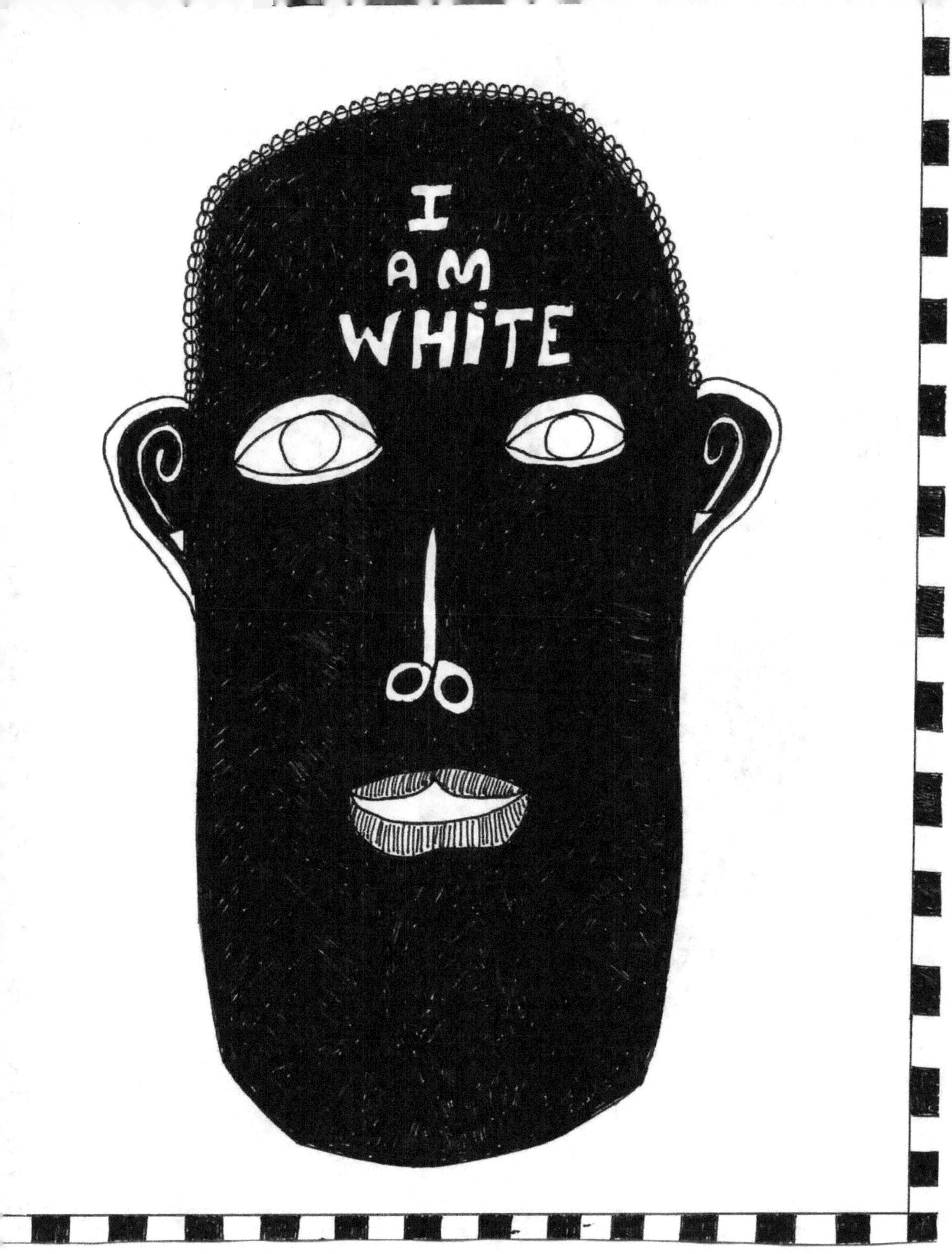
I AM WHITE

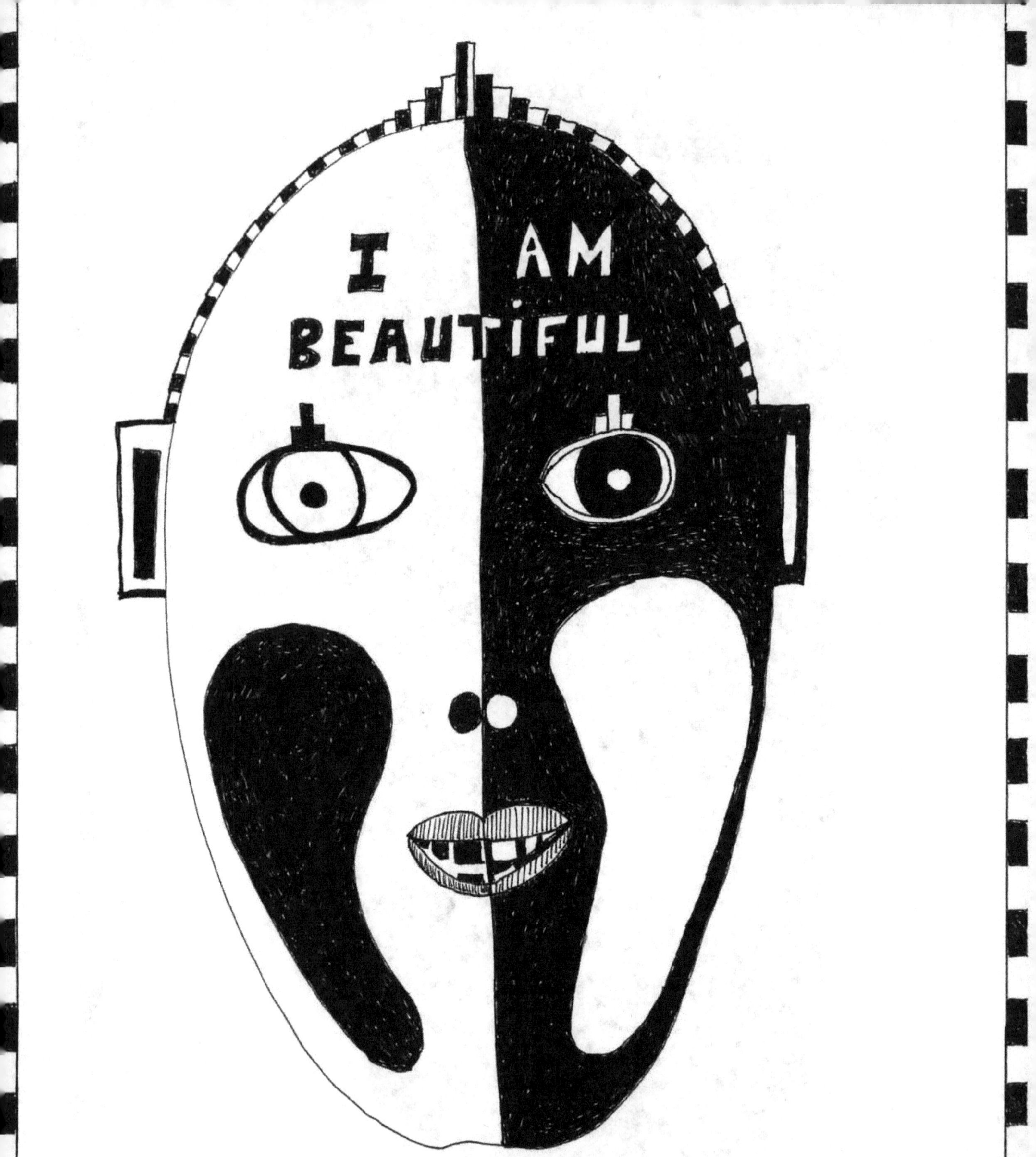
I AM
BEAUTIFUL

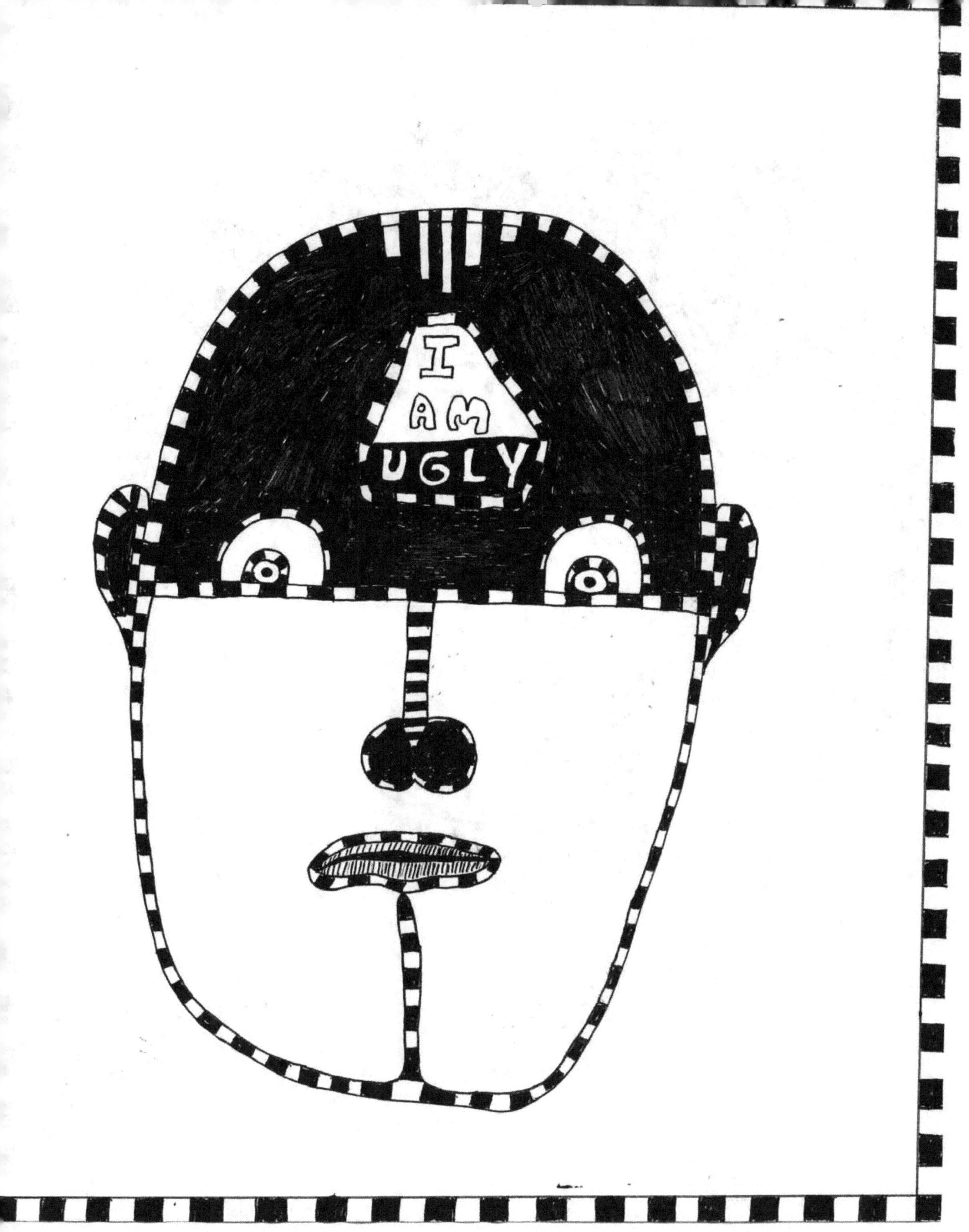
I AM UGLY

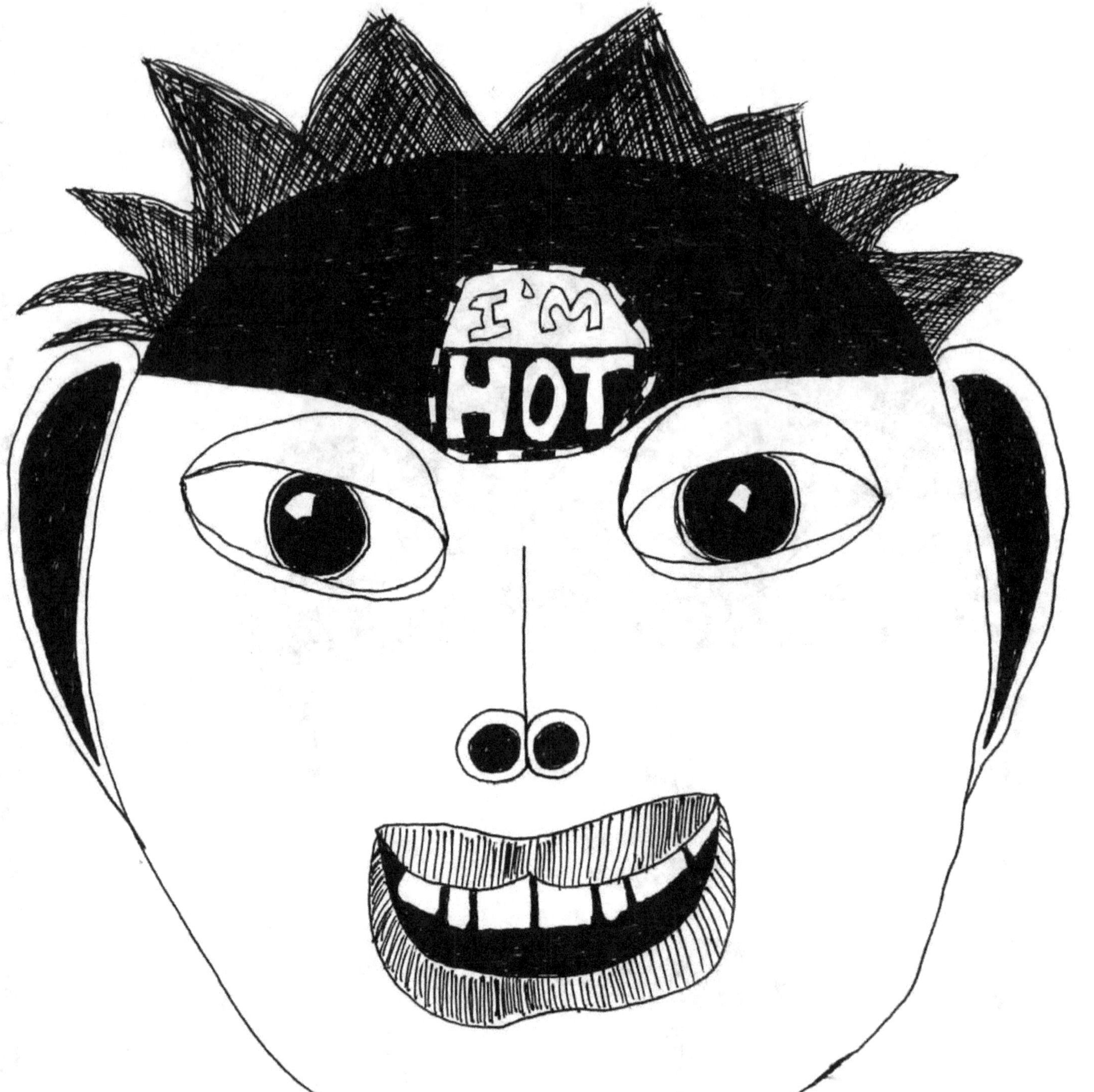
I'M
HOT

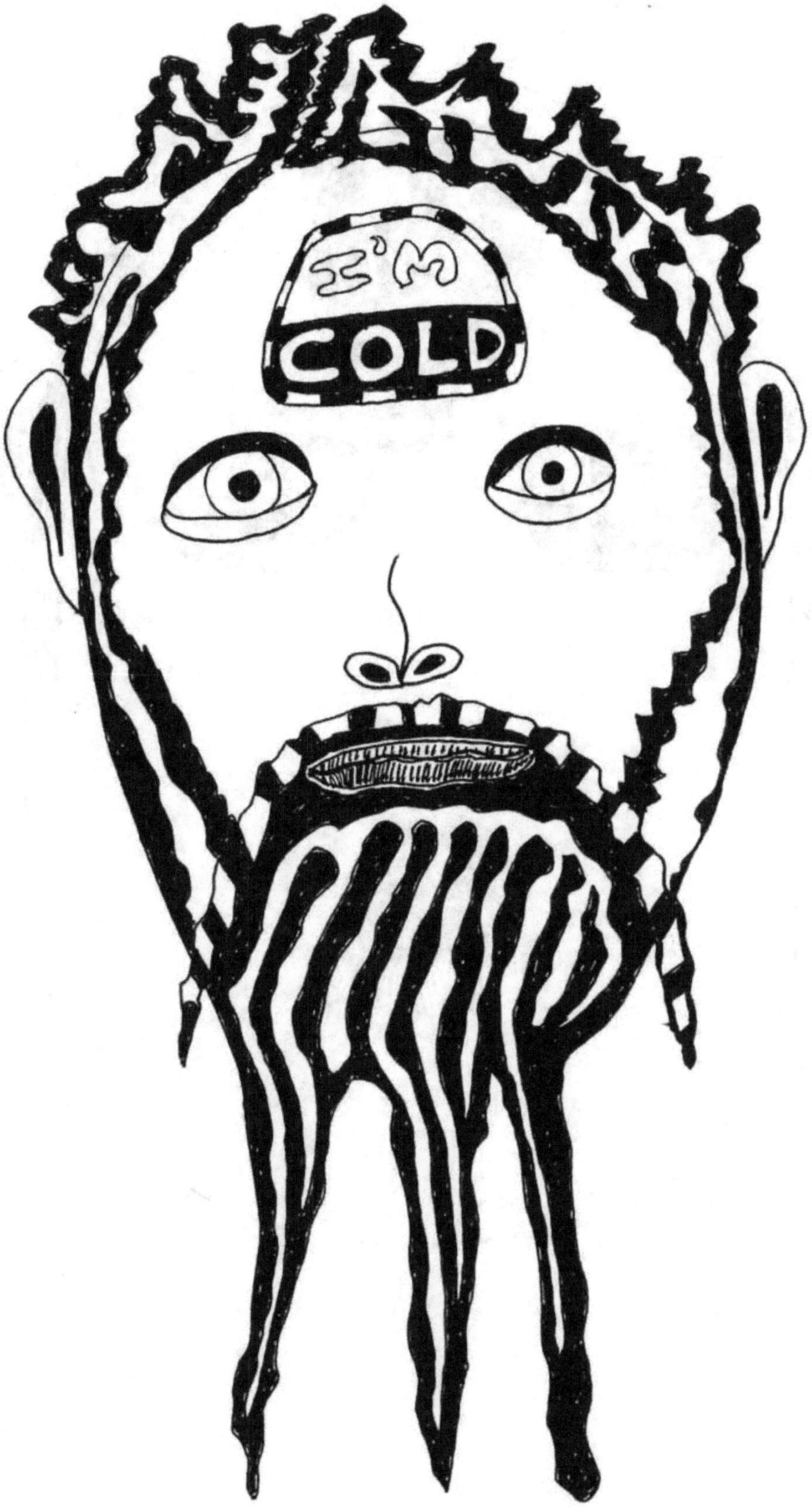
I'M
COLD

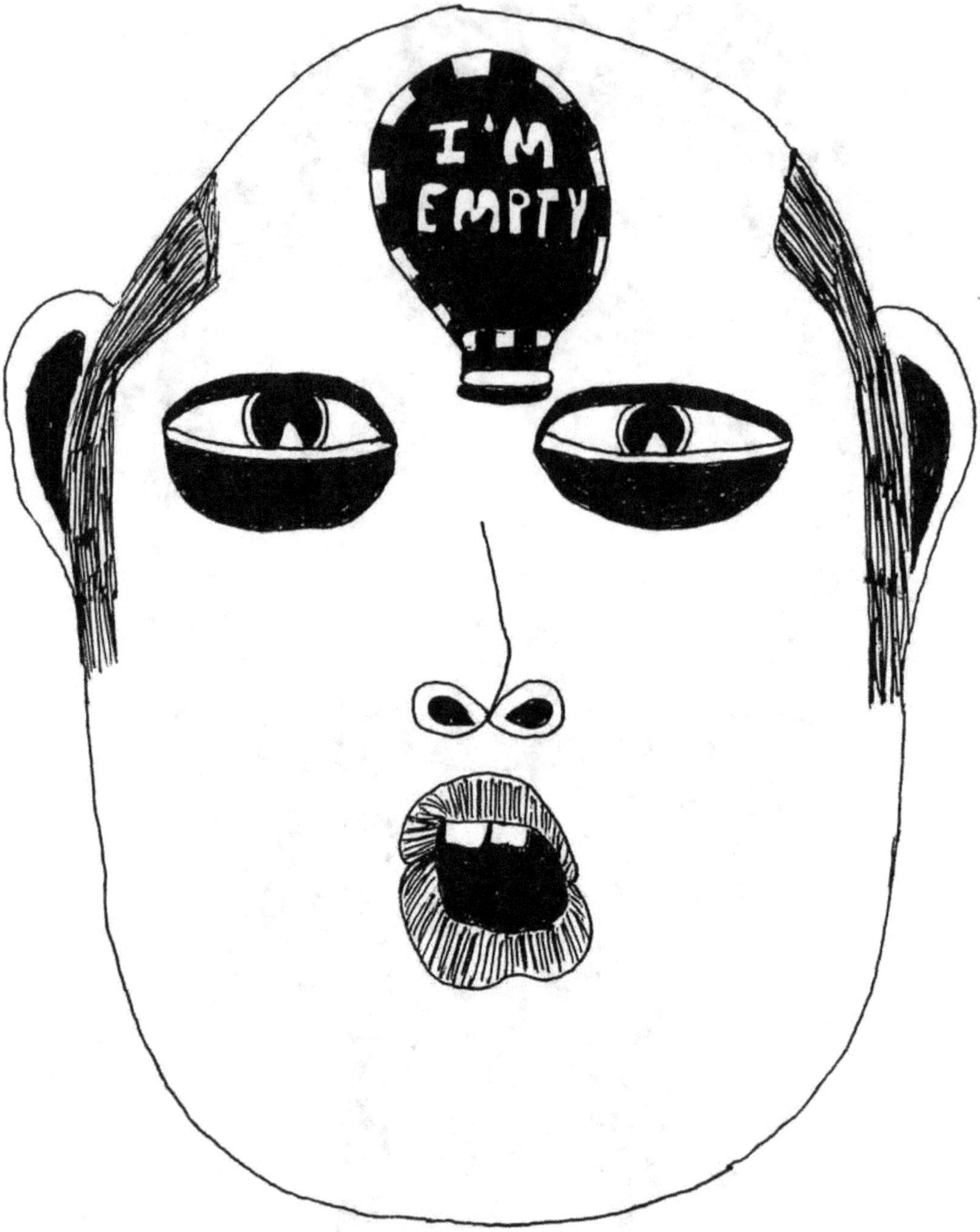
I'M
EMPTY

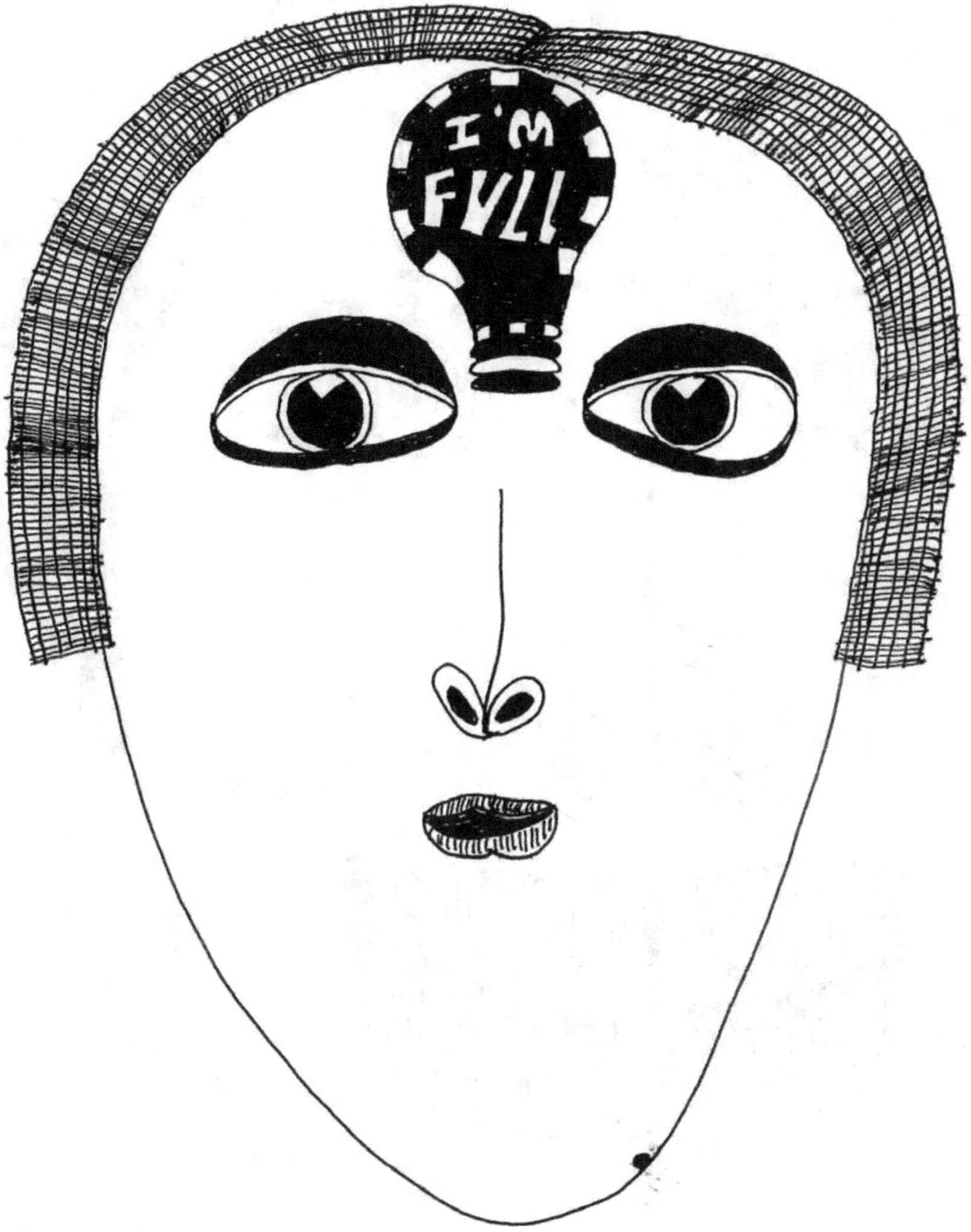
I'M
FULL

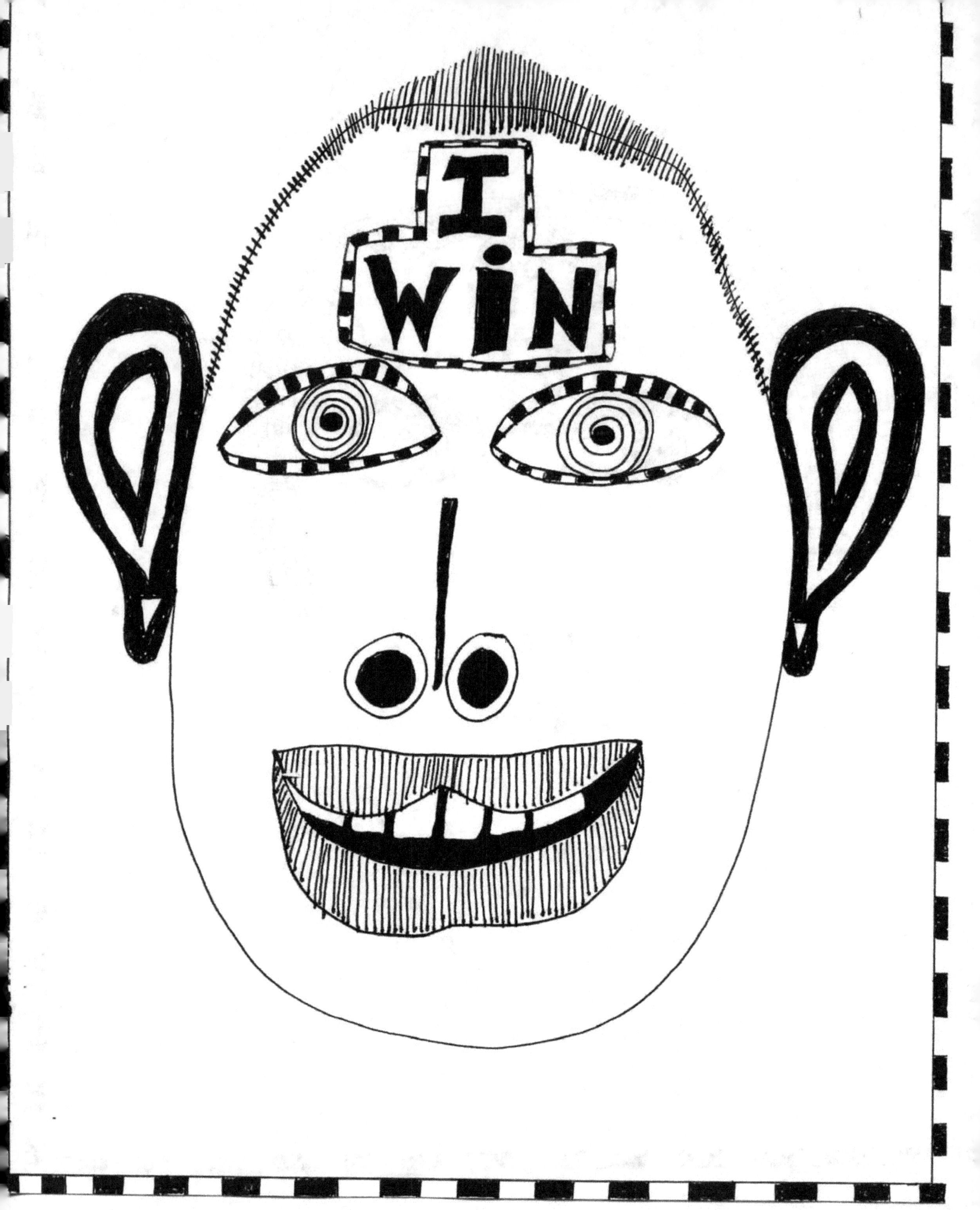
I
WIN

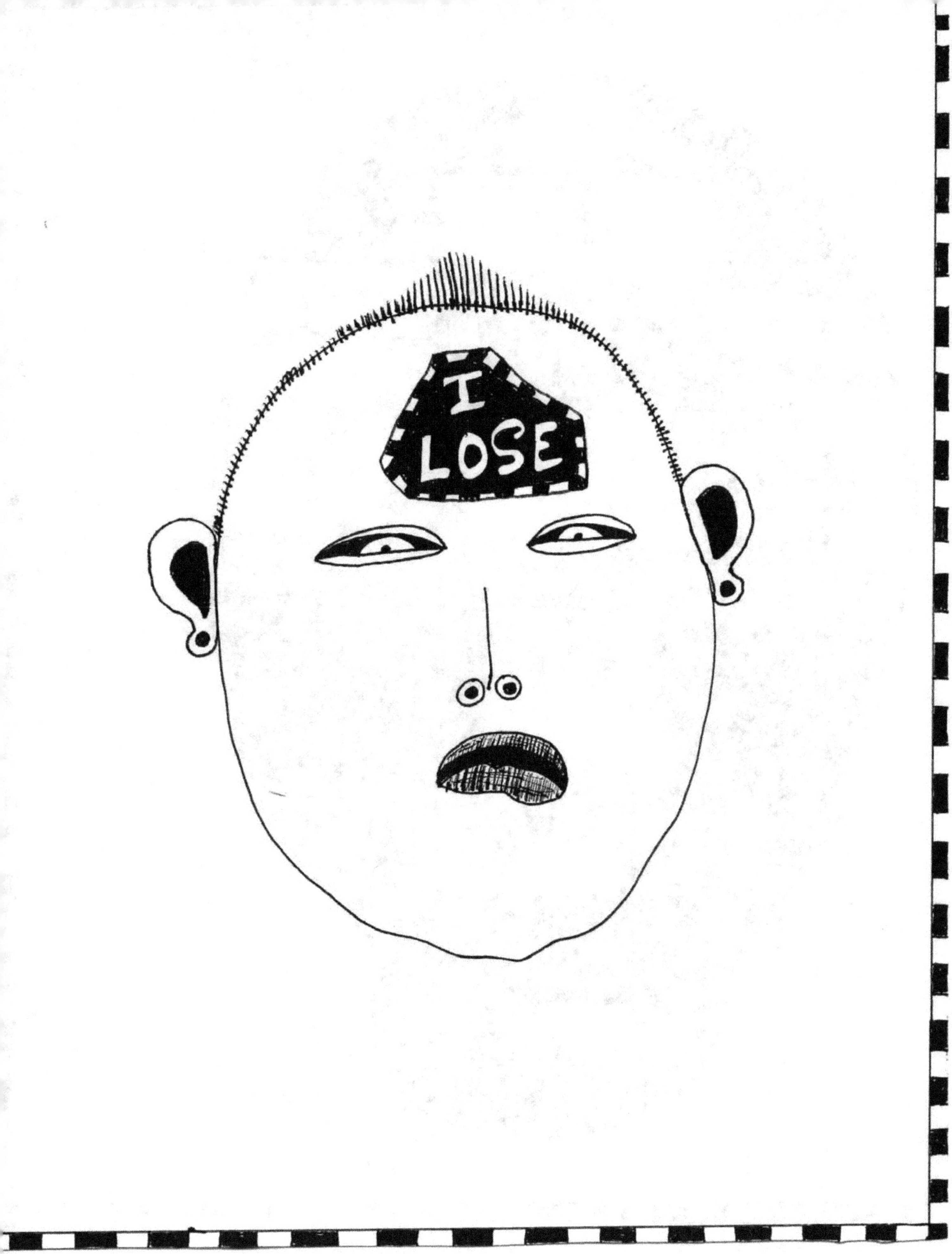
I
LOSE

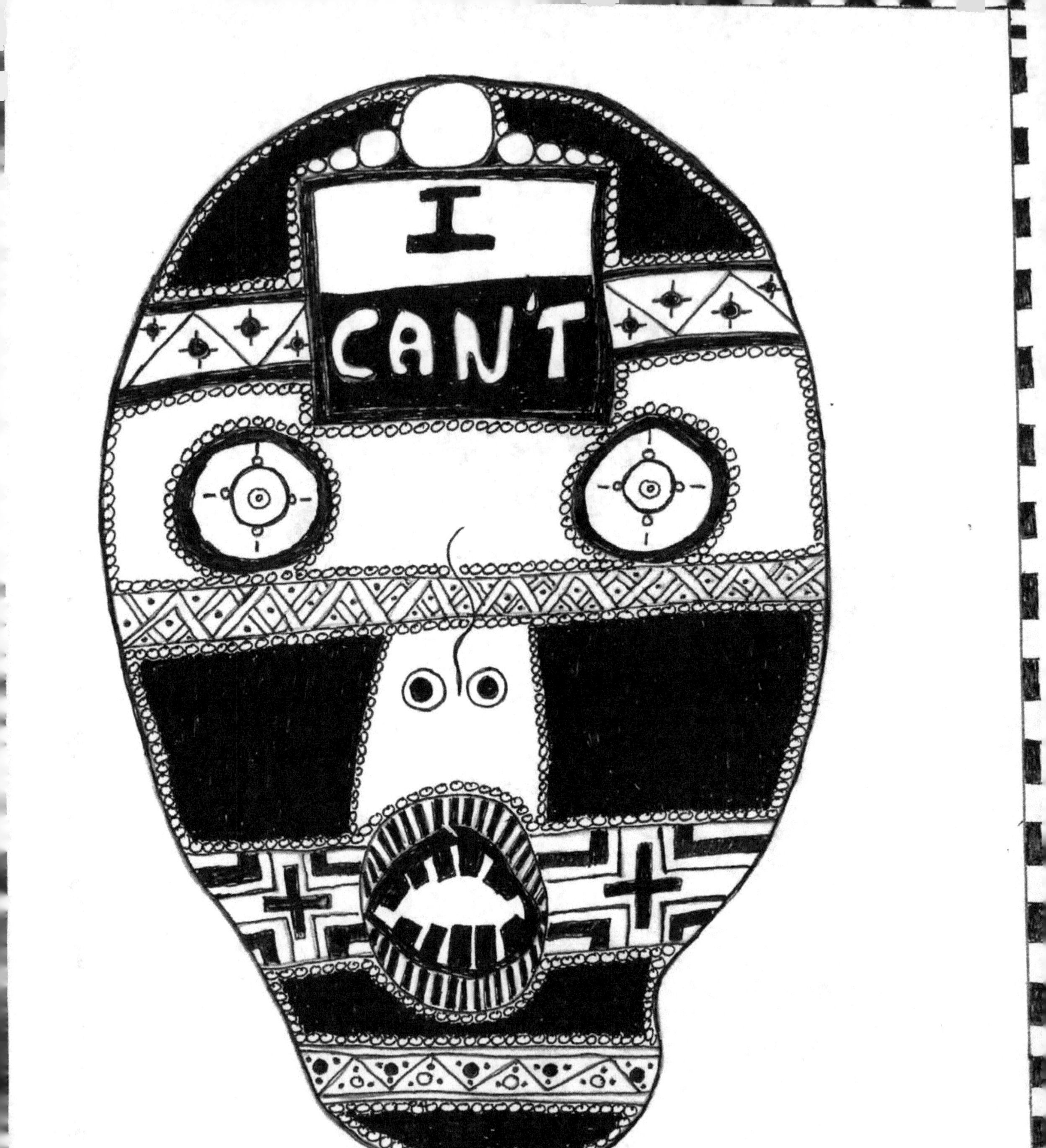
I
CAN'T

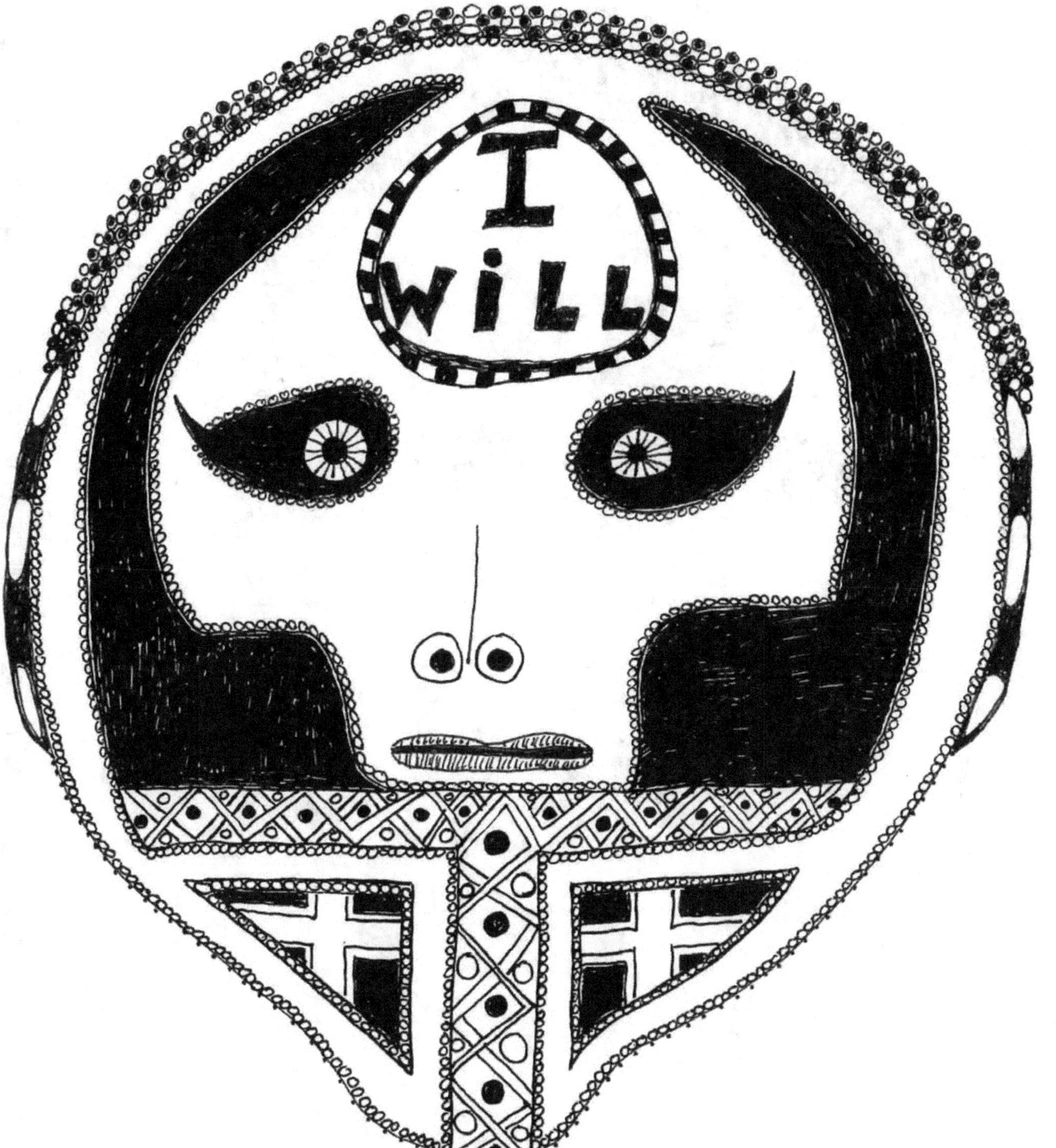
I
WILL

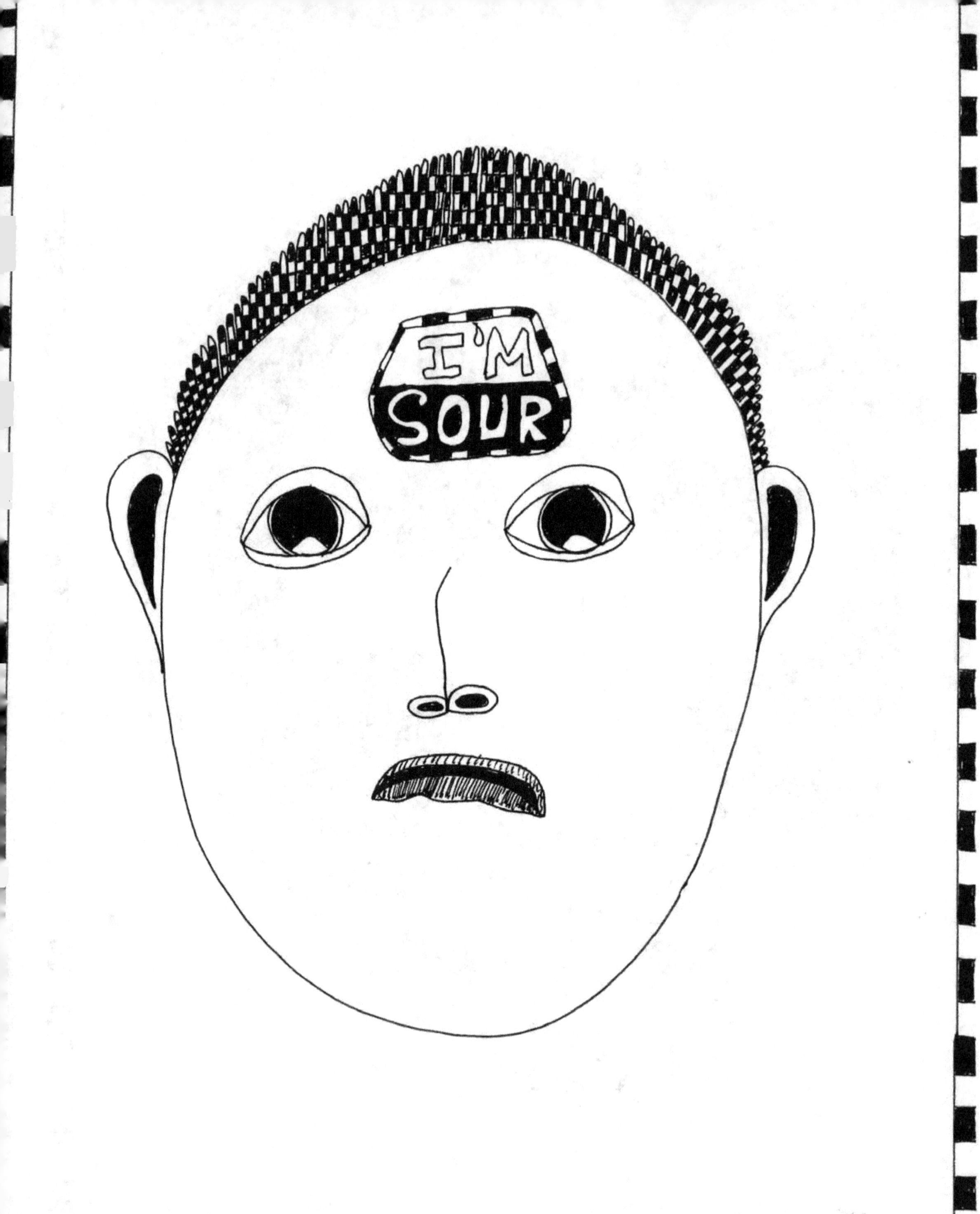
I'M
SOUR

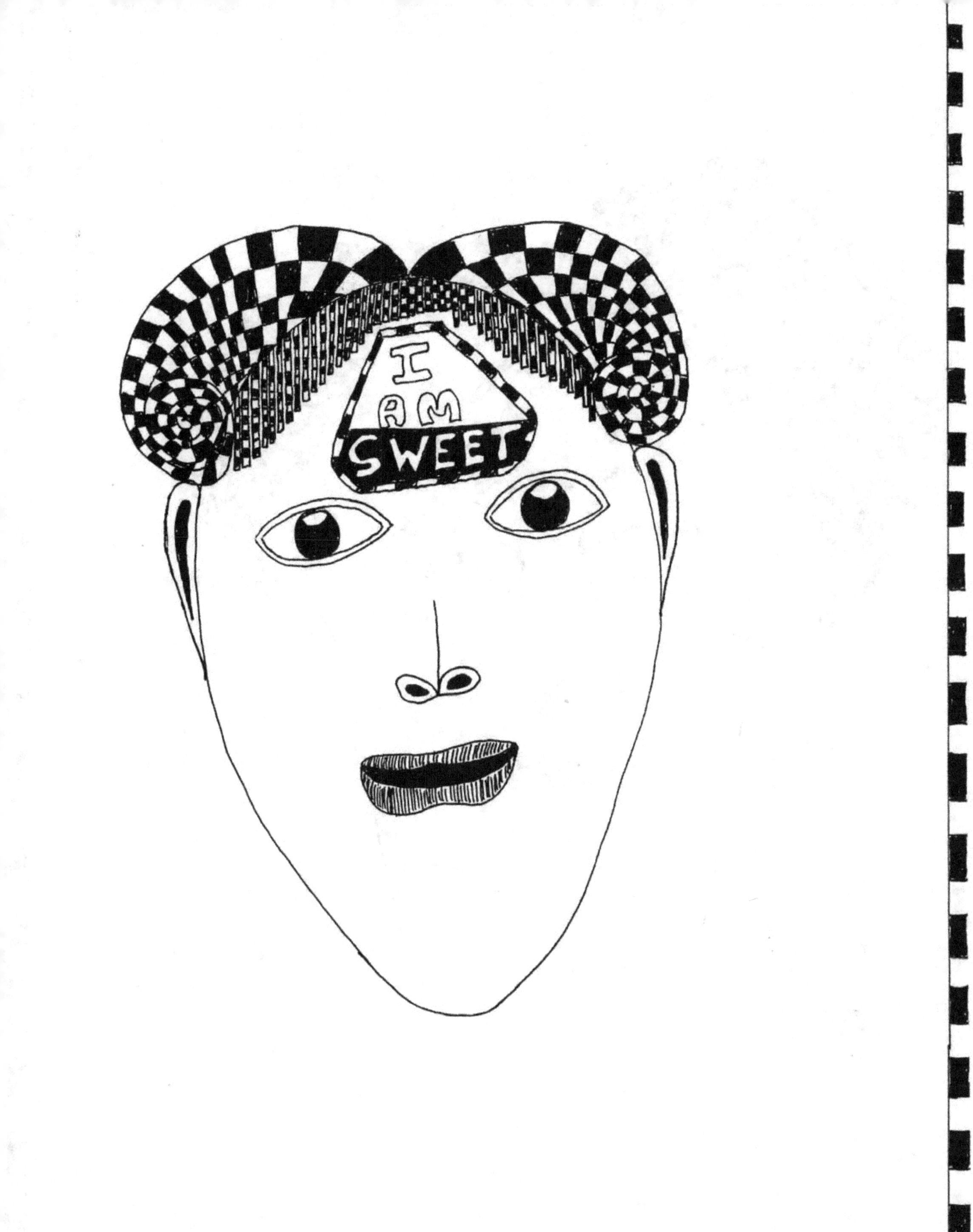
I AM SWEET

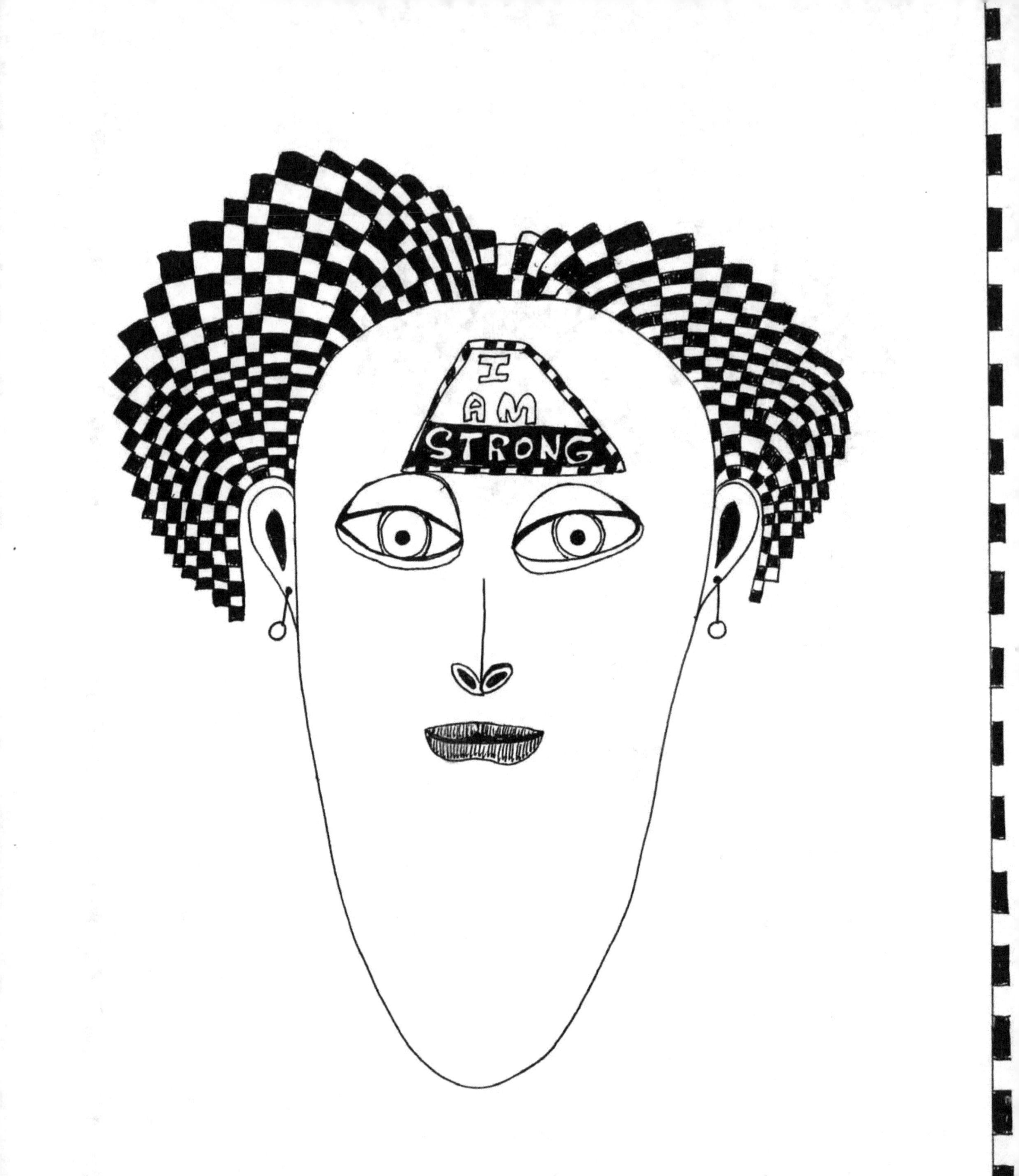
I
AM
STRONG

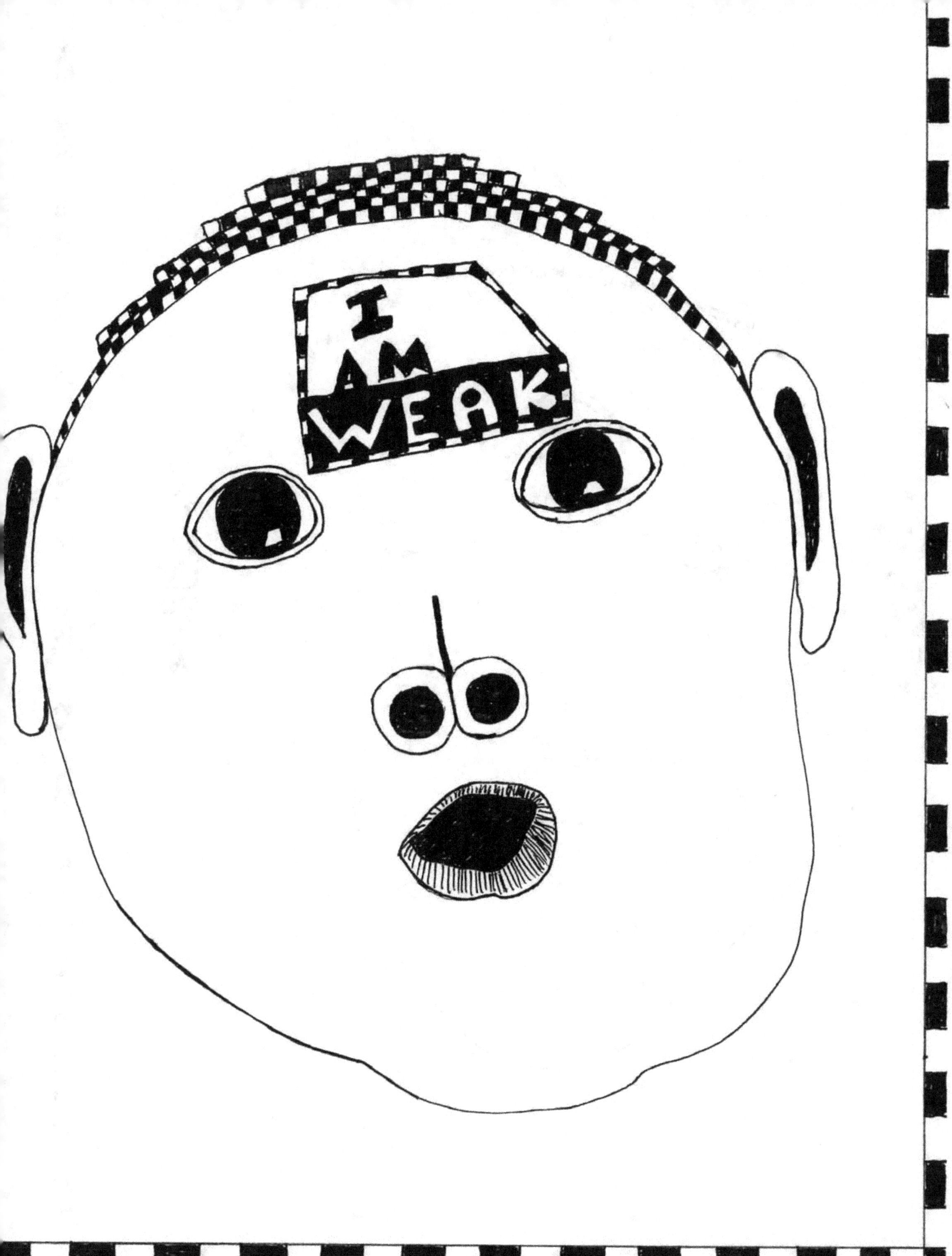
I
AM
WEAK

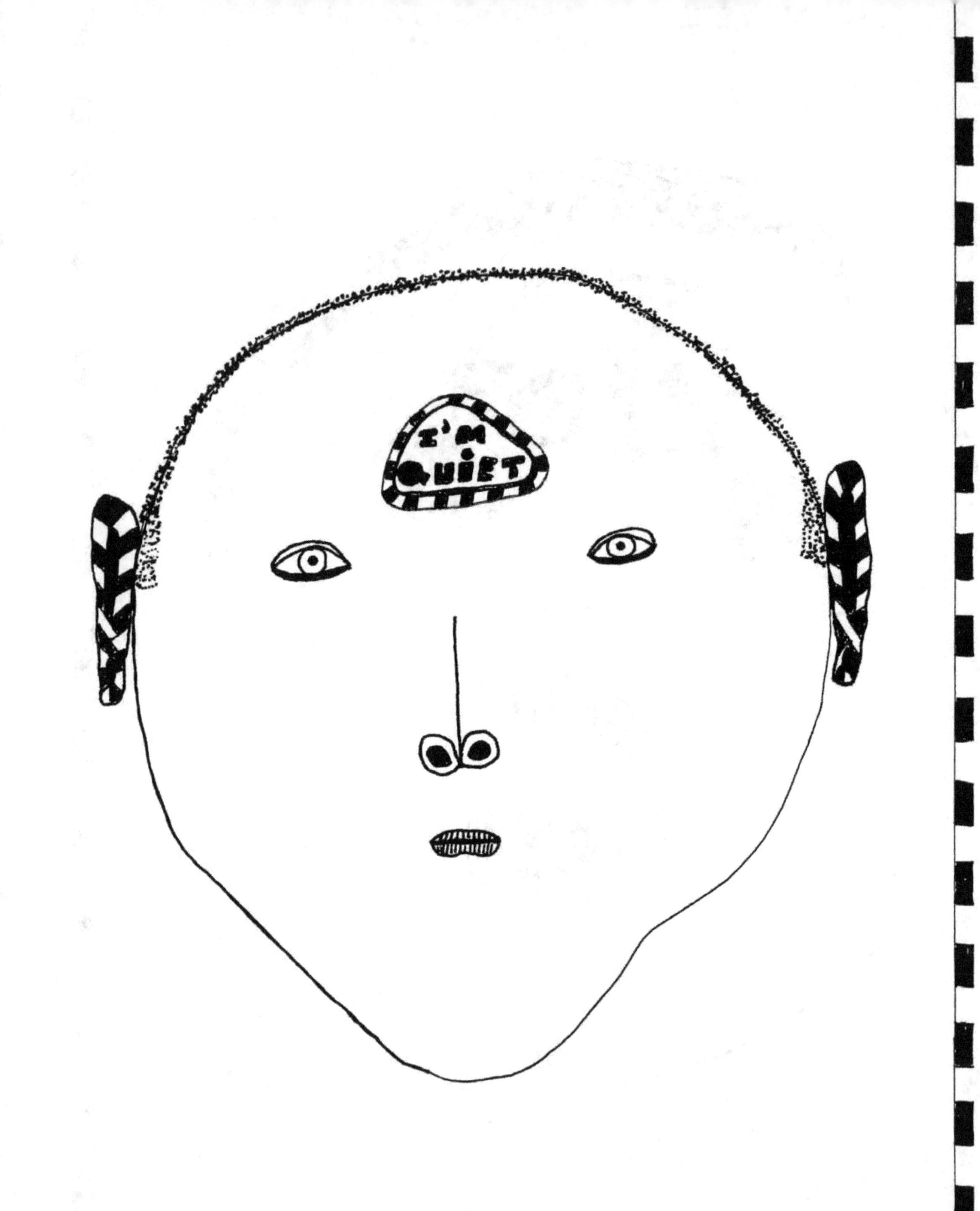
I'M QUIET

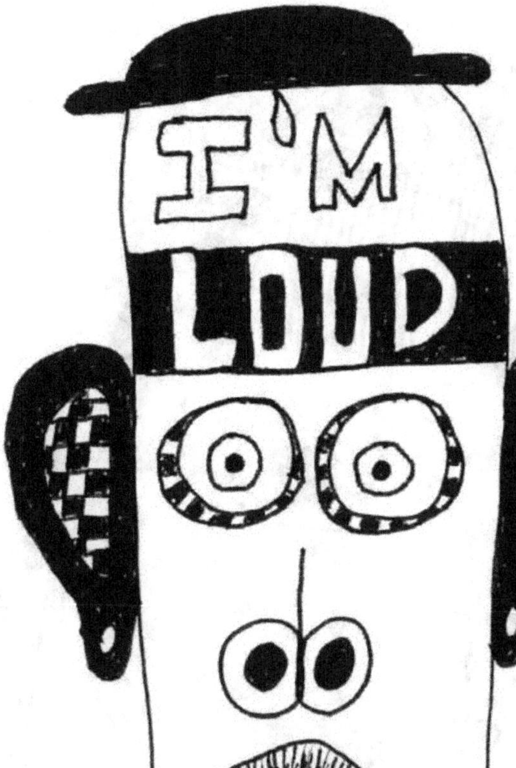
I'M
LOUD

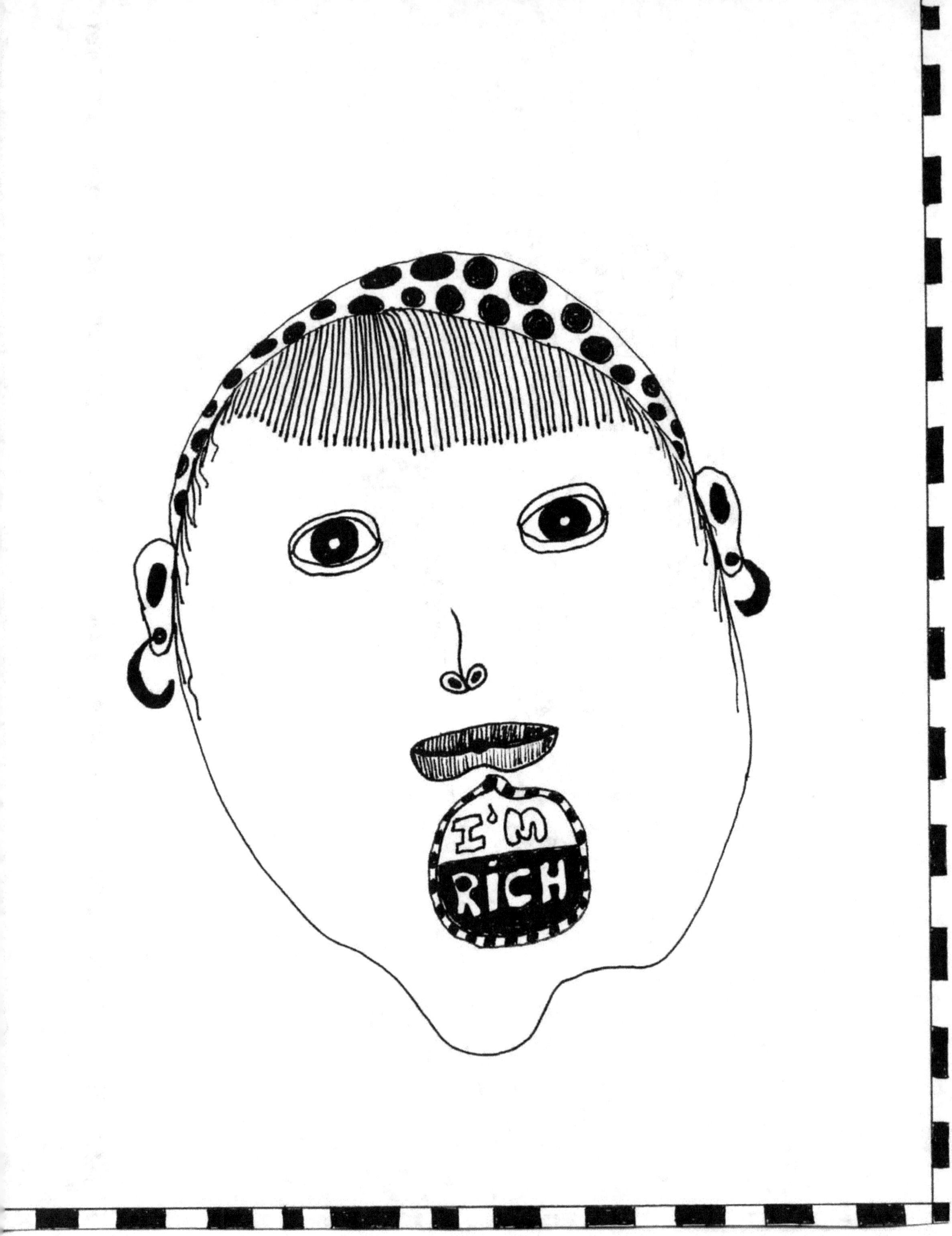
I'M
RICH

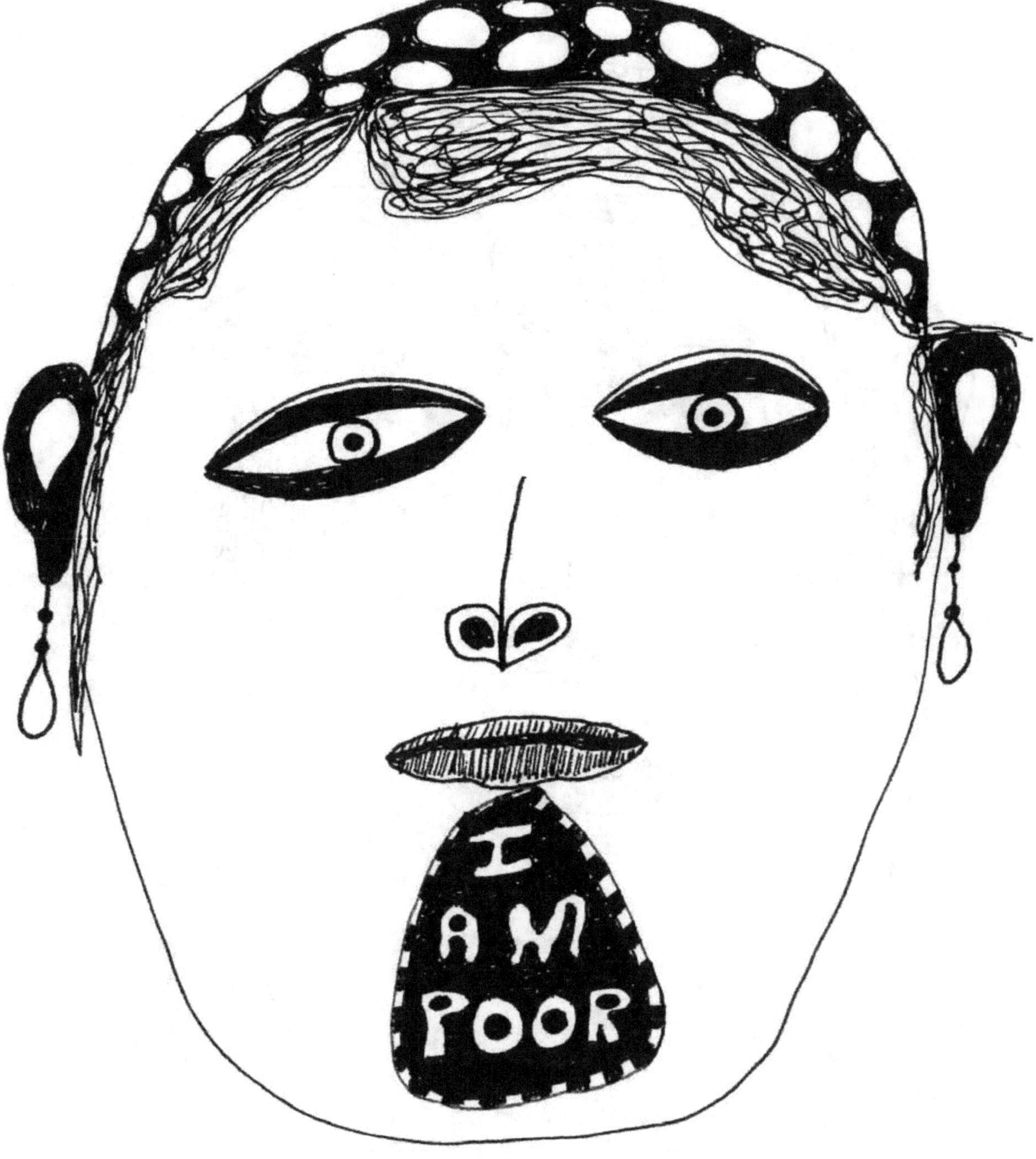
I AM POOR

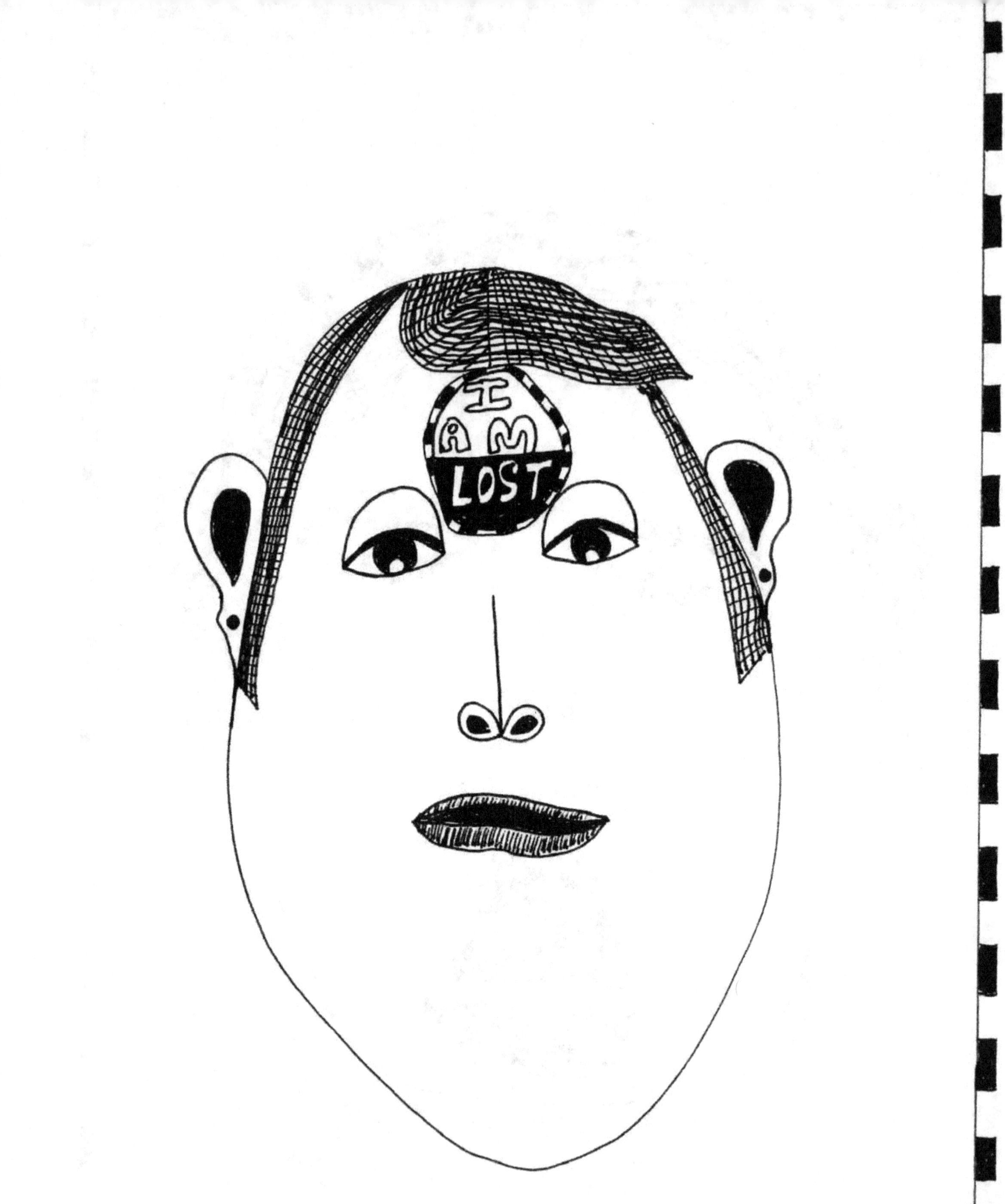
I AM LOST

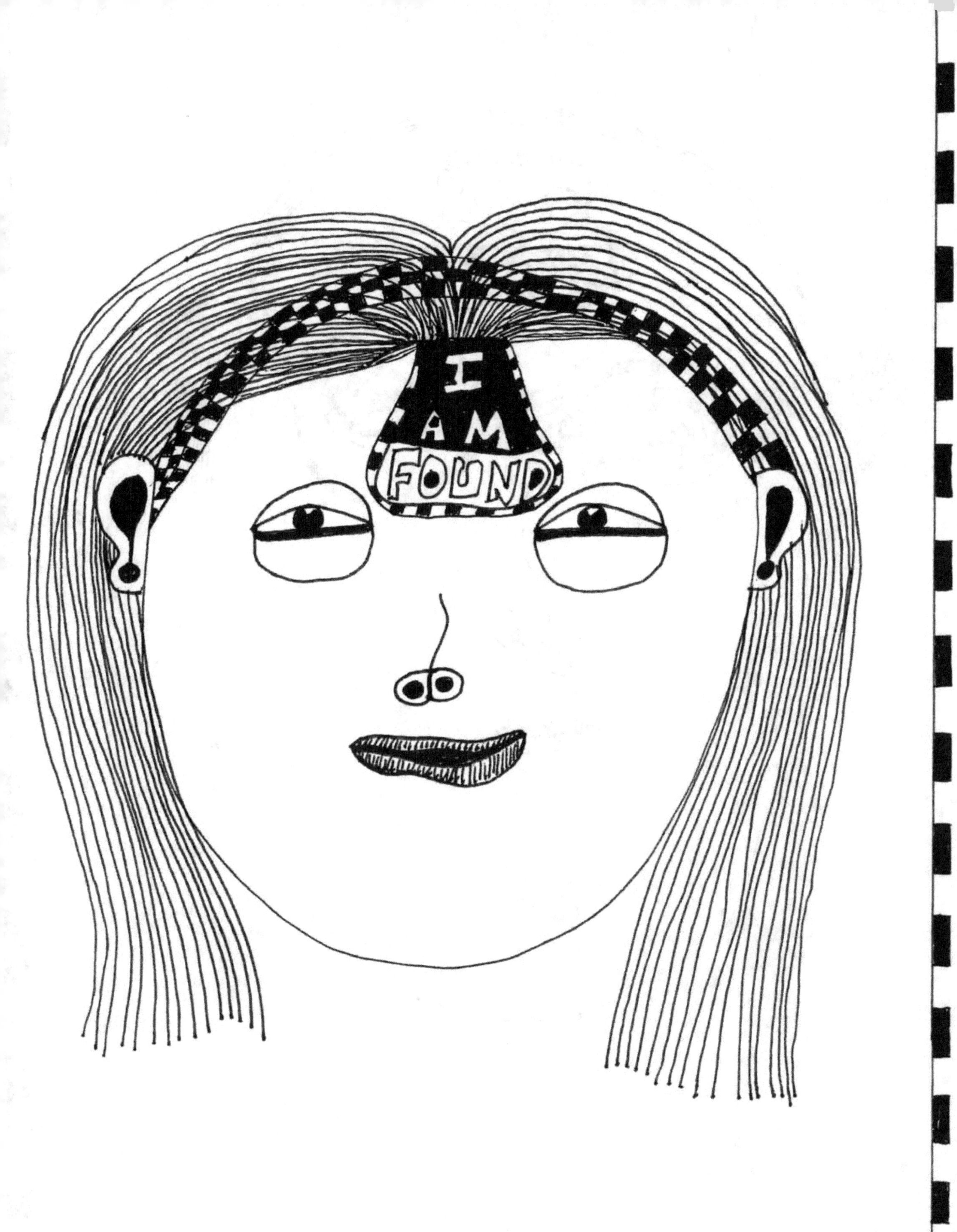
I AM FOUND

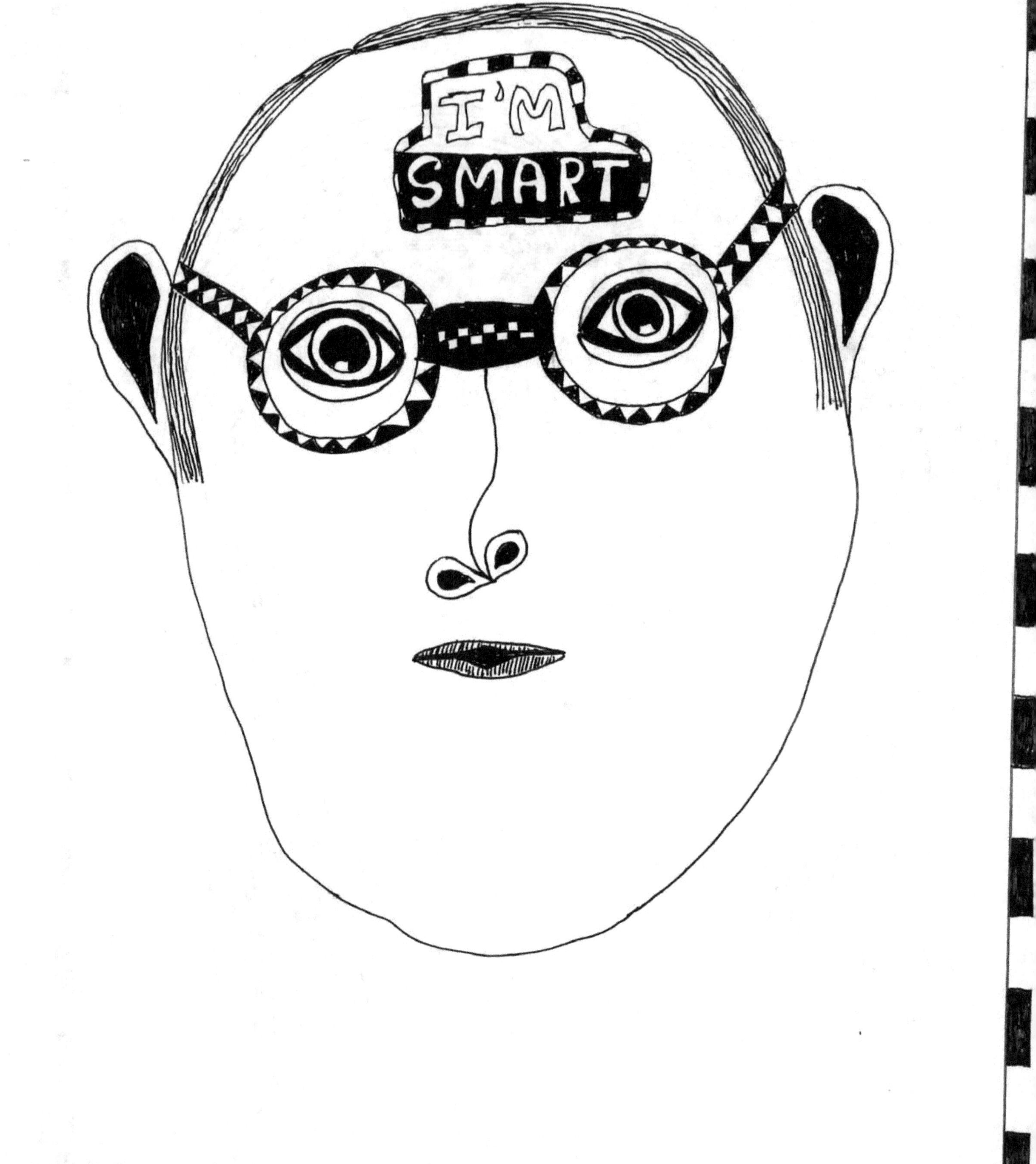
I'M
SMART

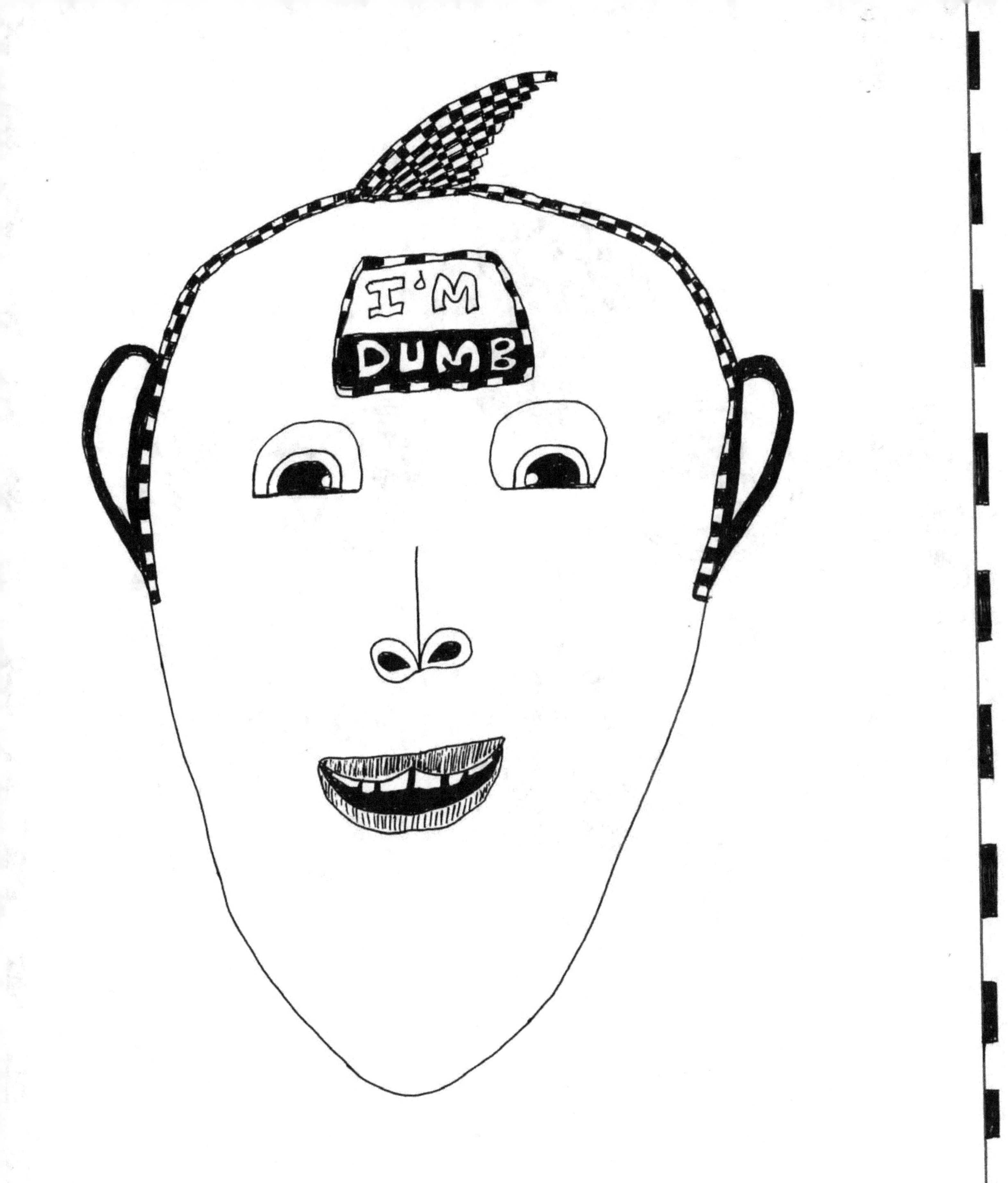
I'M
DUMB

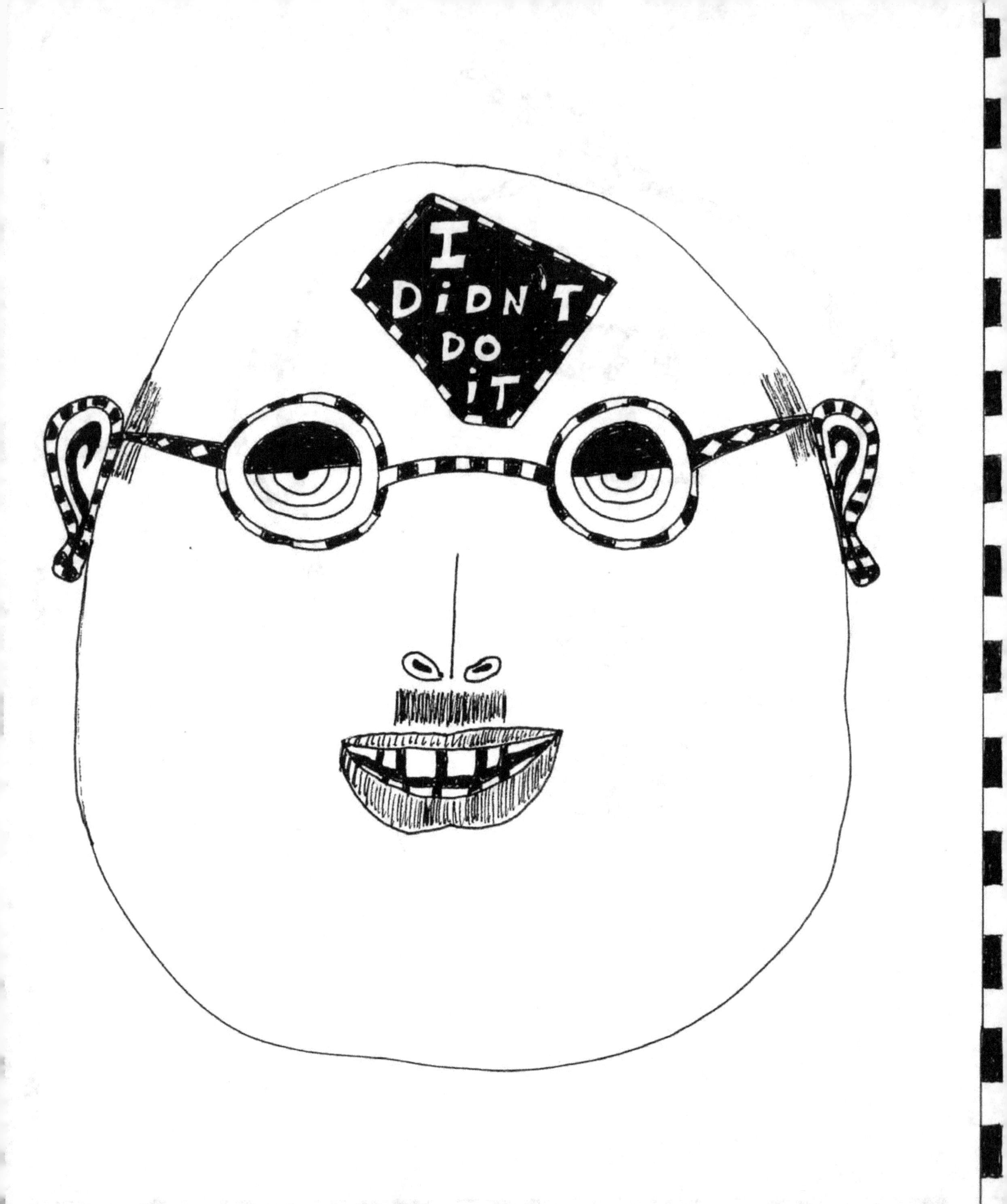
I DIDN'T DO IT

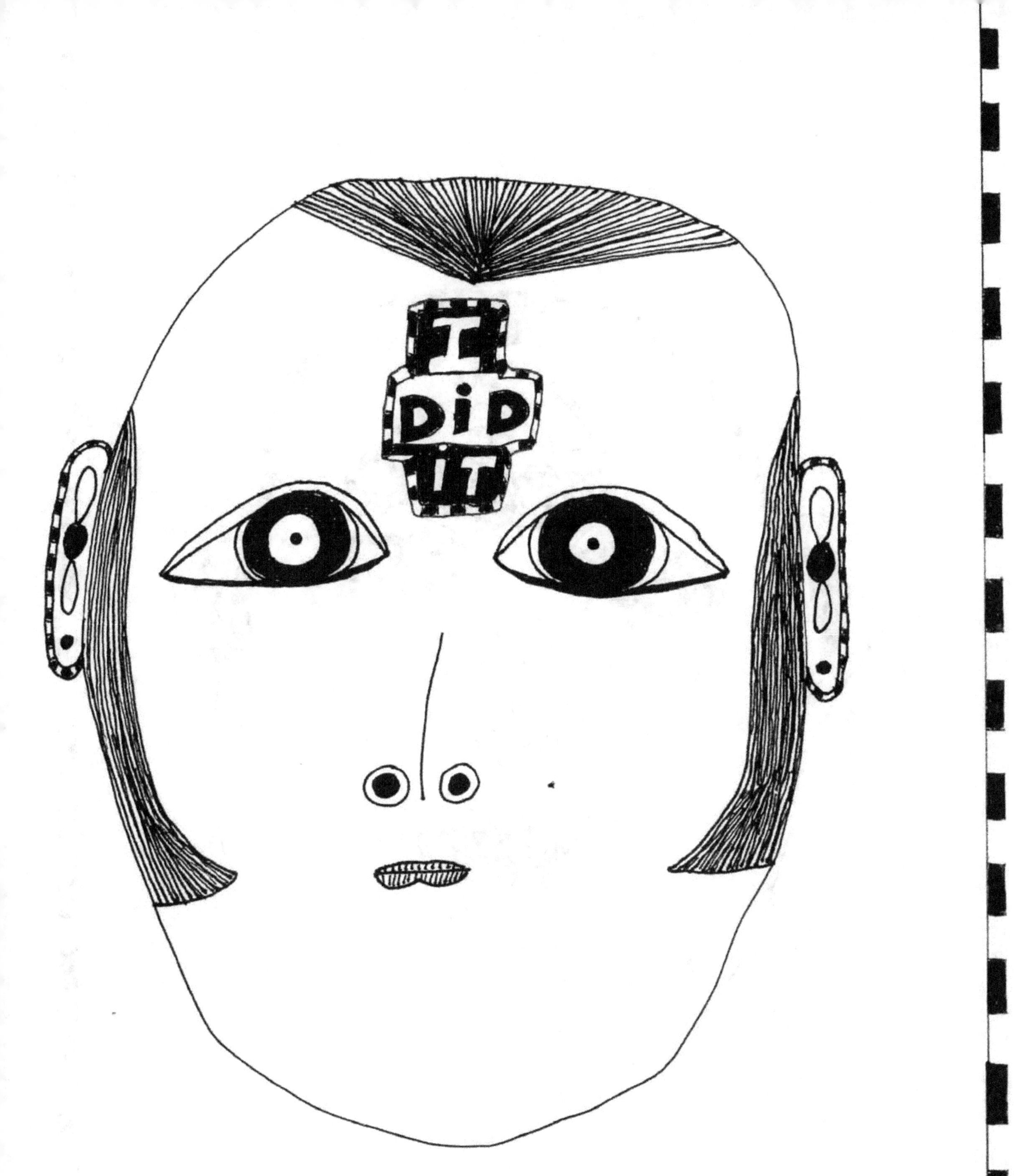
I DID IT

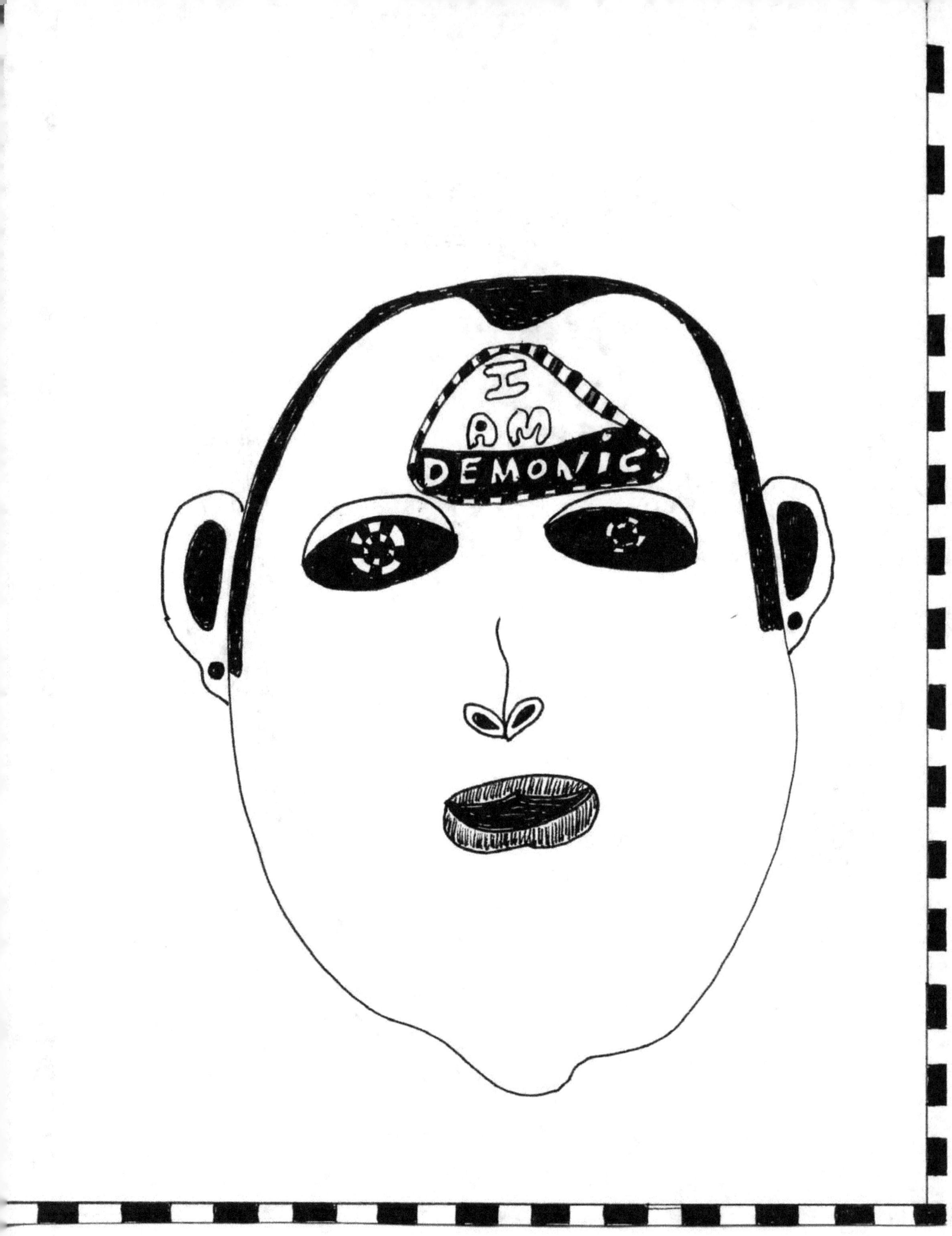
I AM DEMONIC

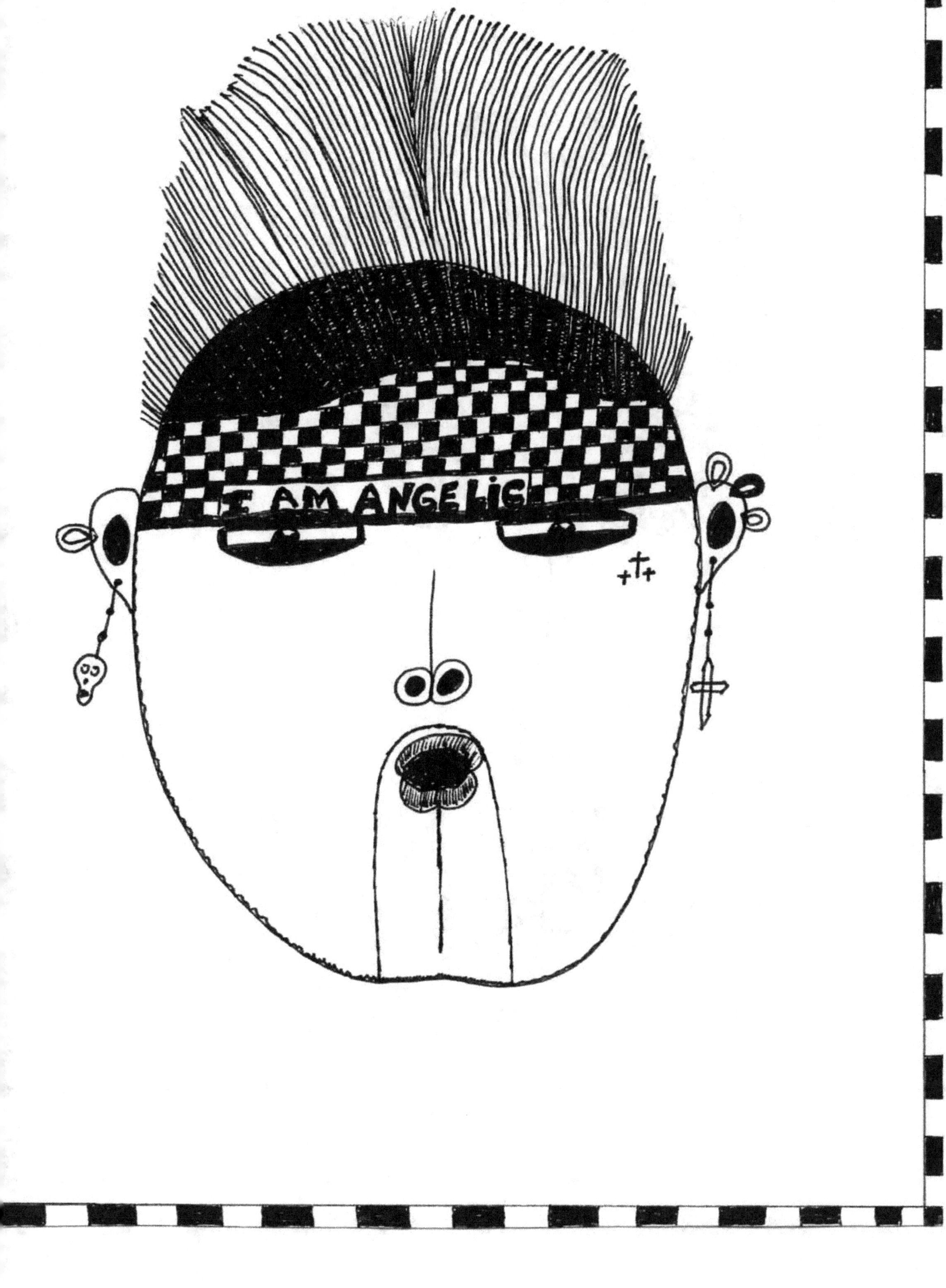
I AM ANGELIC

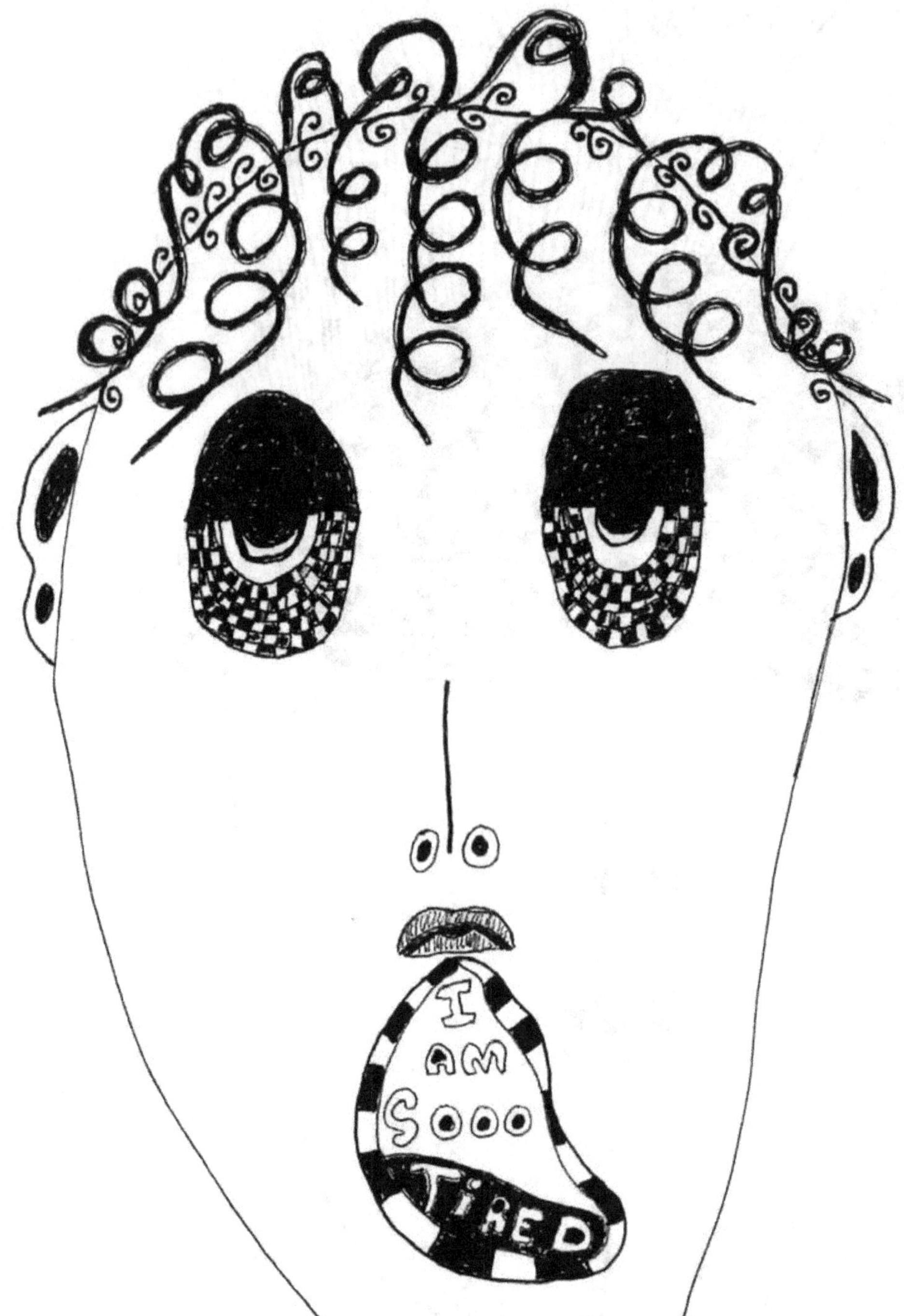
I AM Sooo TiRED

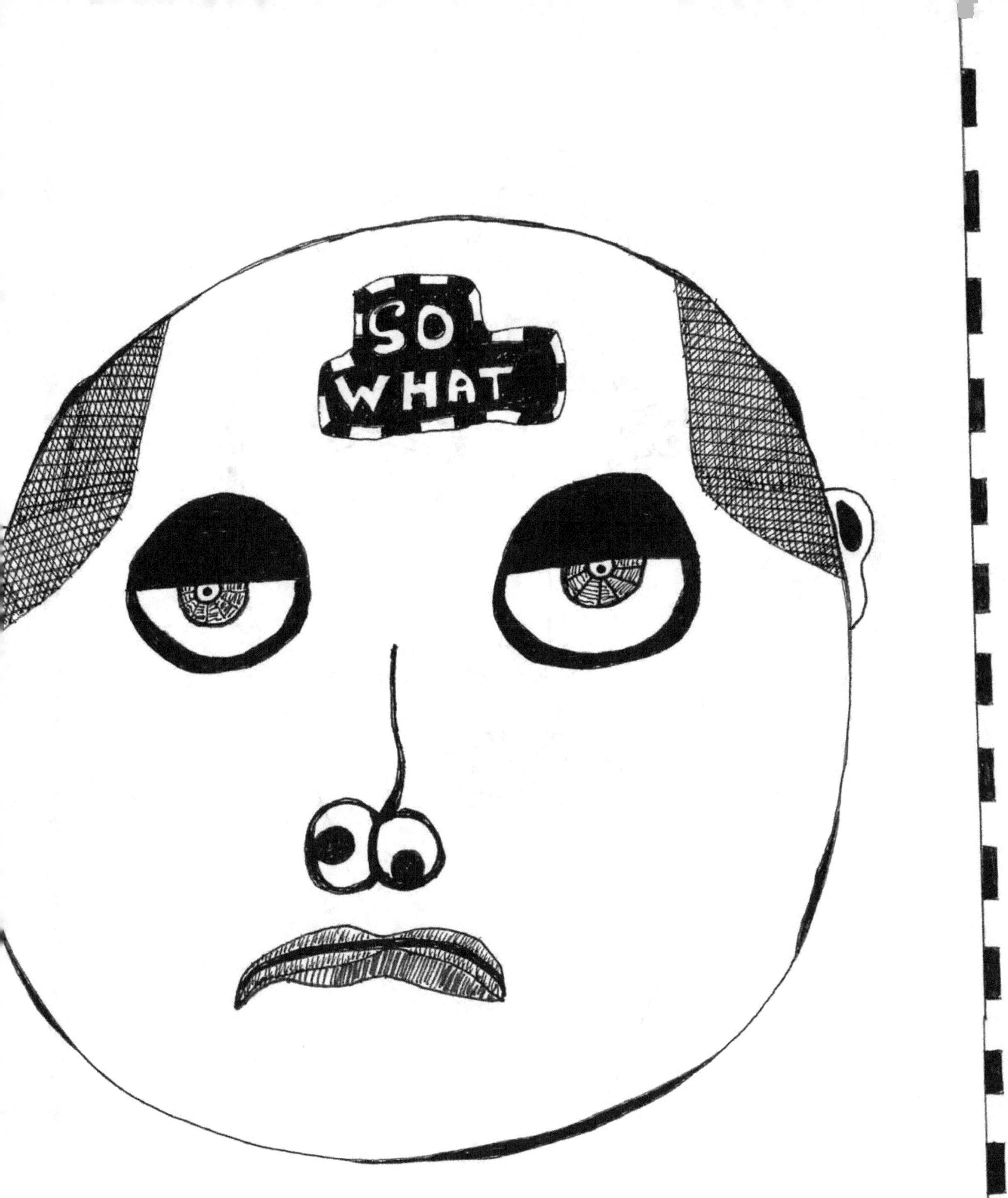
SO
WHAT

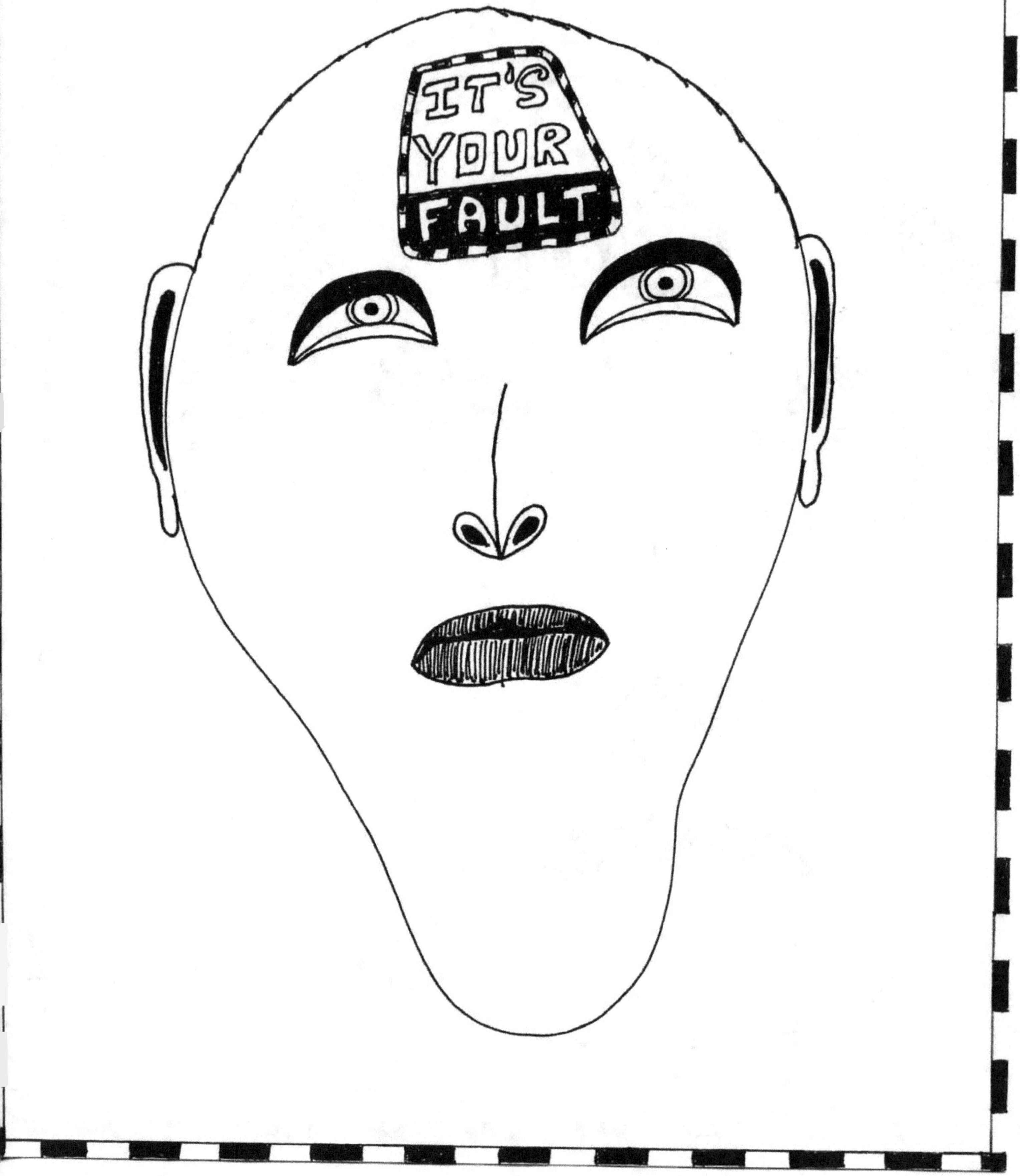
IT'S YOUR FAULT

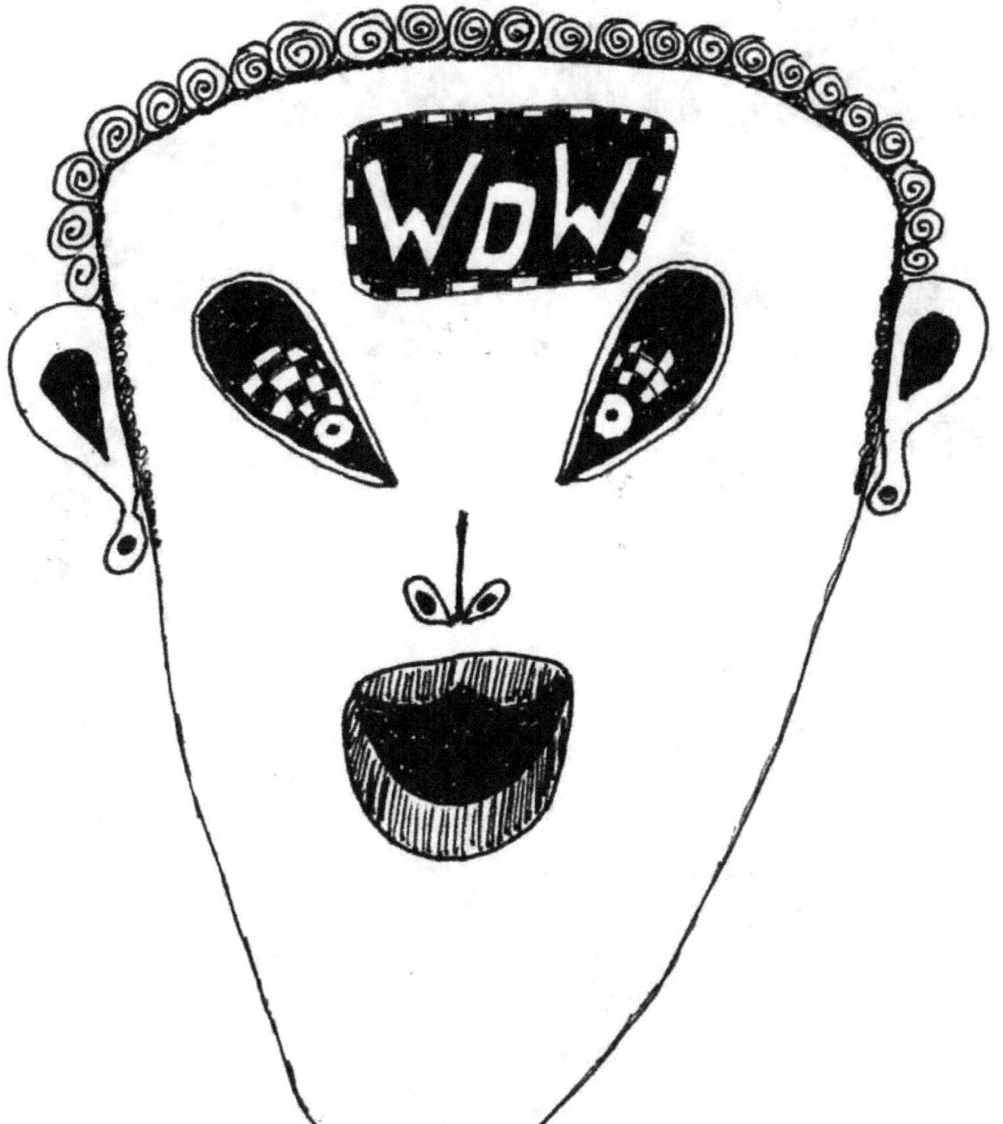
WOW

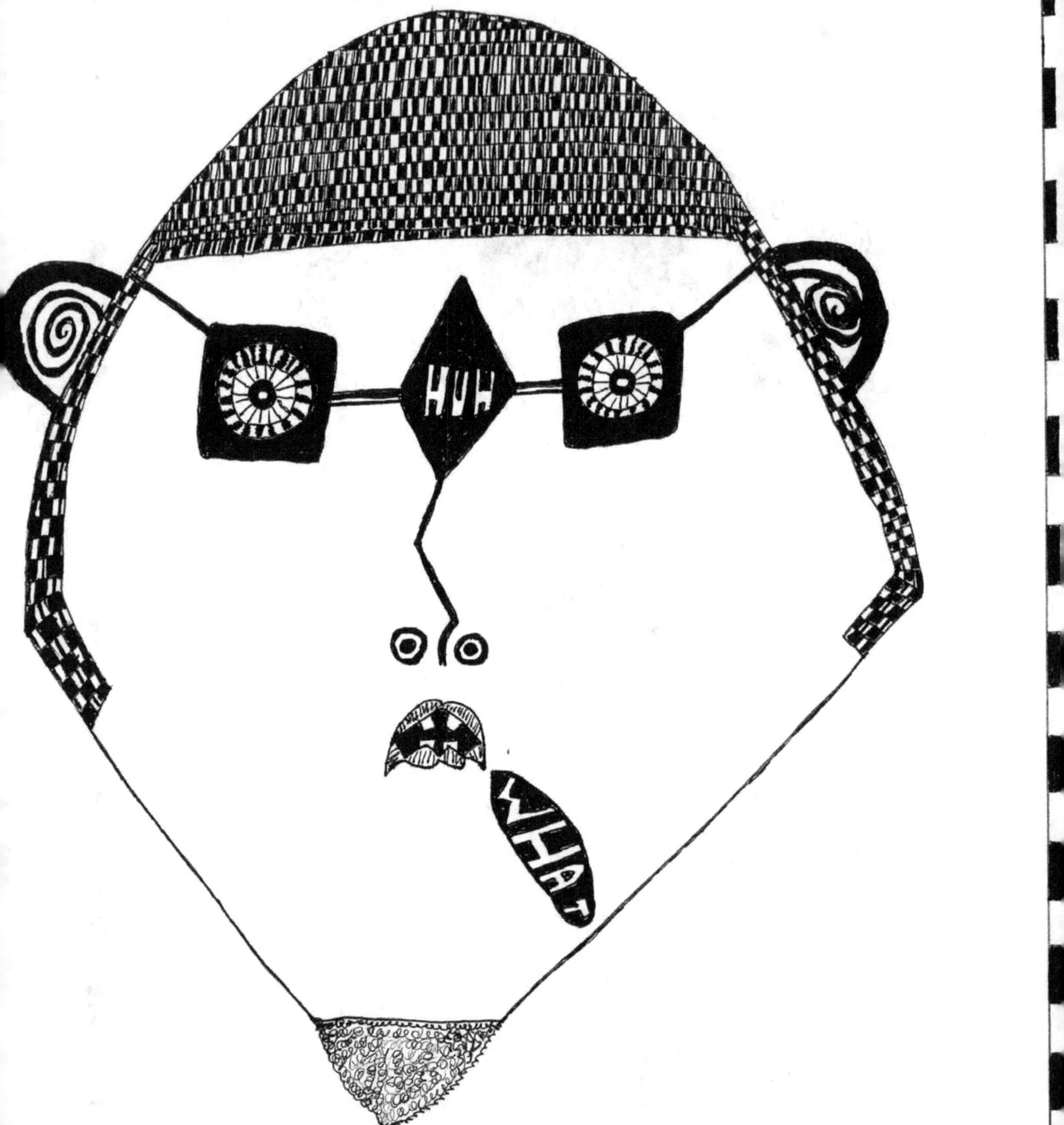
HUH
WHAT

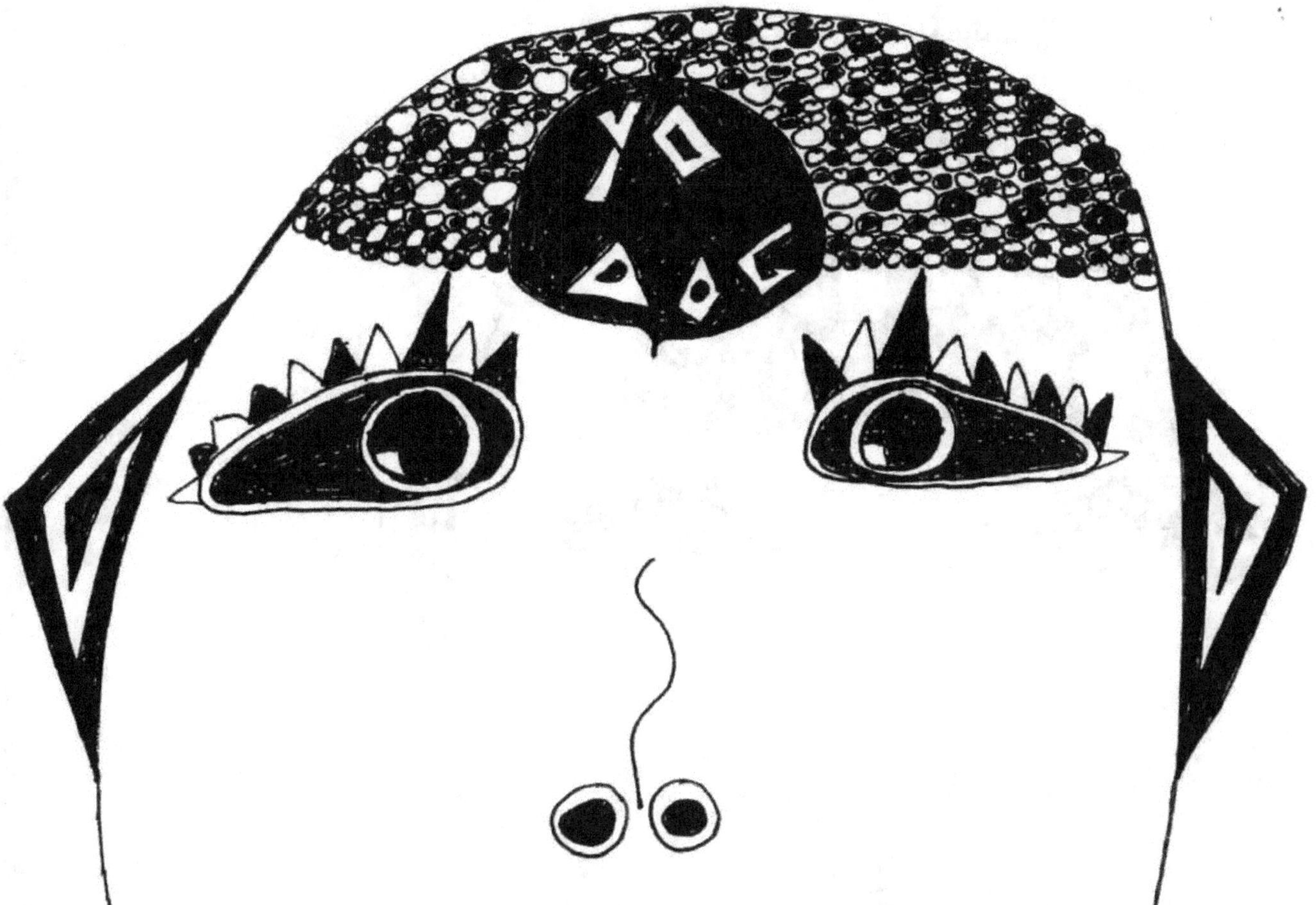
YO
DOG

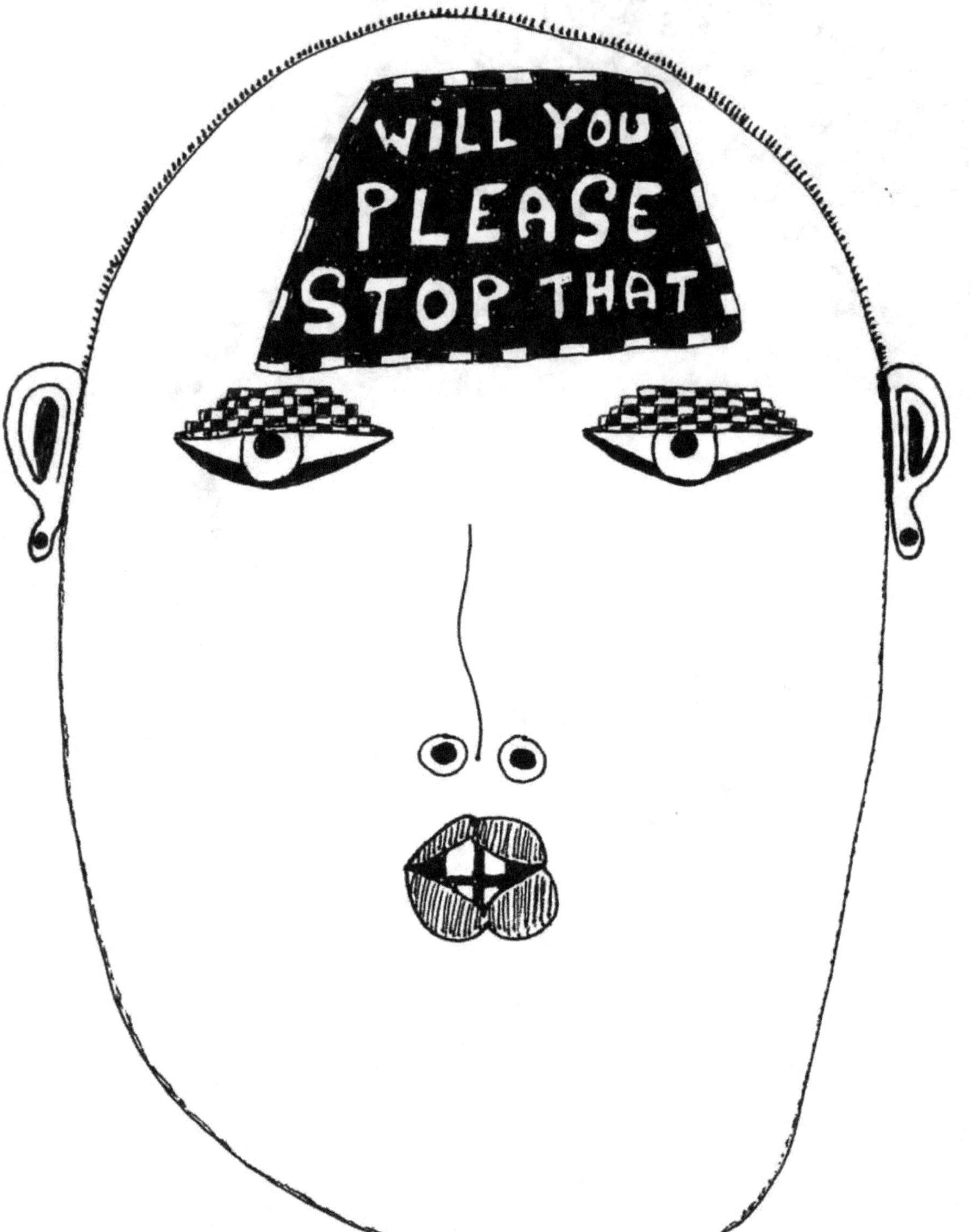
WILL YOU
PLEASE
STOP THAT

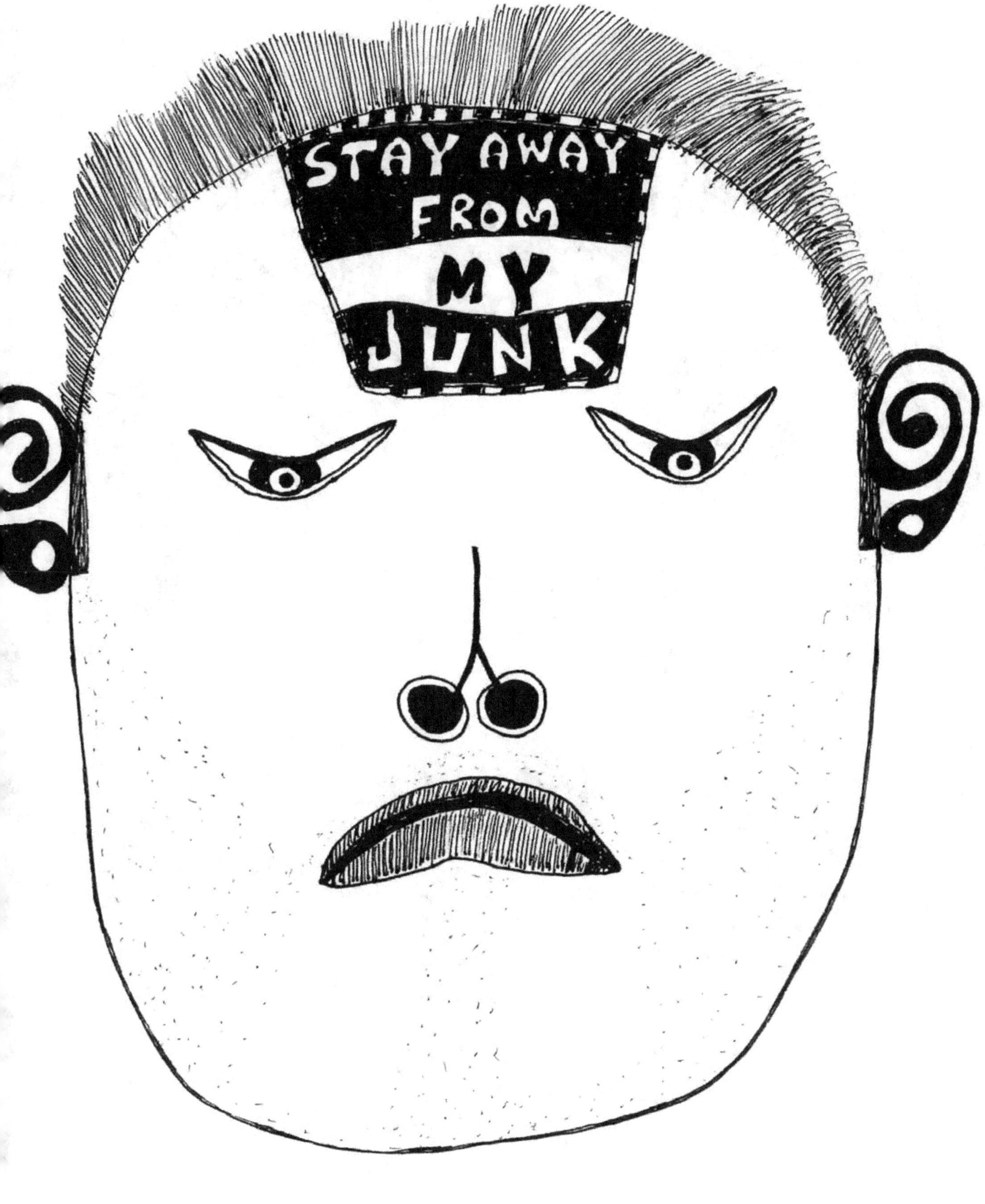
STAY AWAY
FROM
MY
JUNK

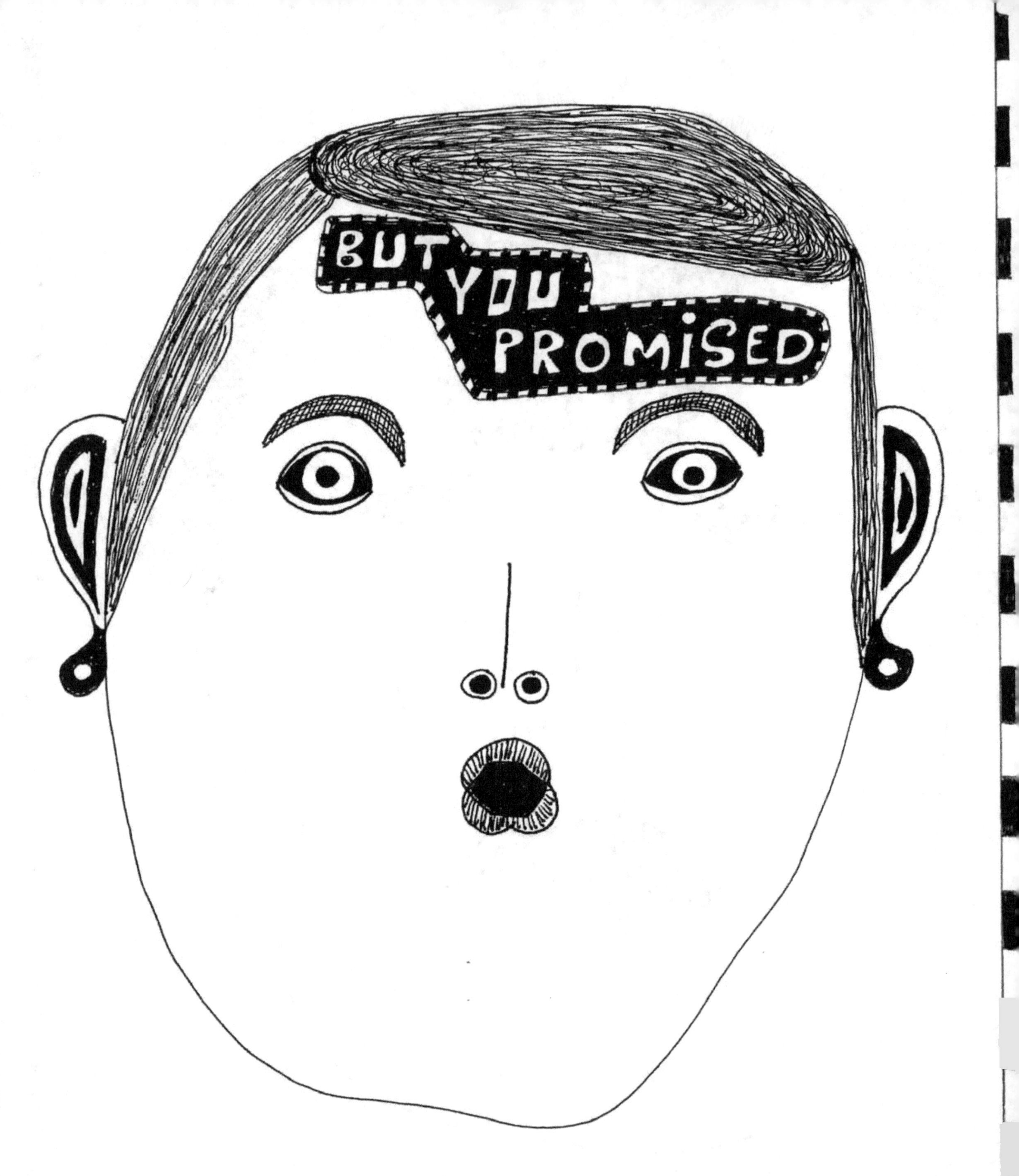
BUT YOU PROMISED

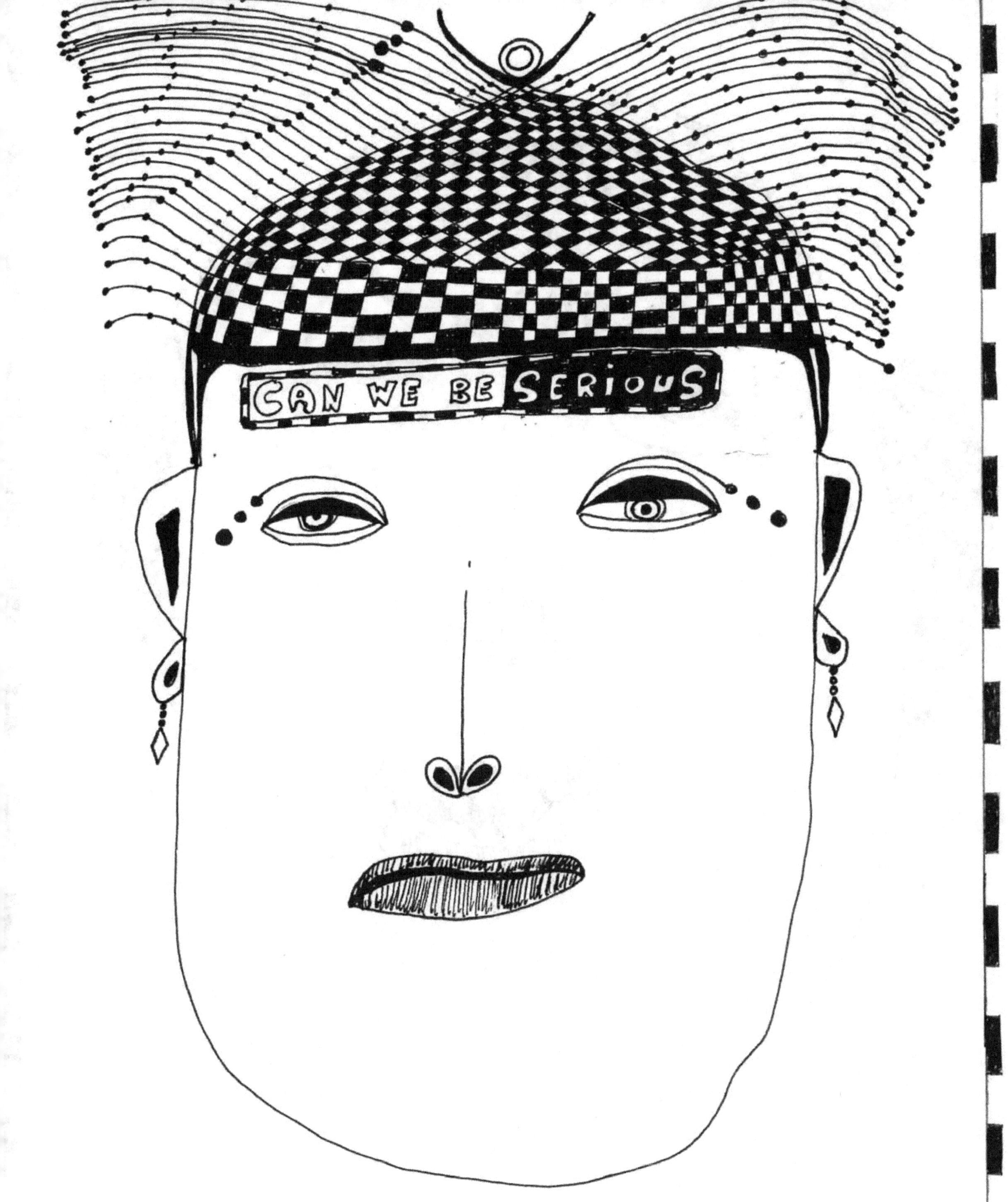
CAN WE BE SERIOUS

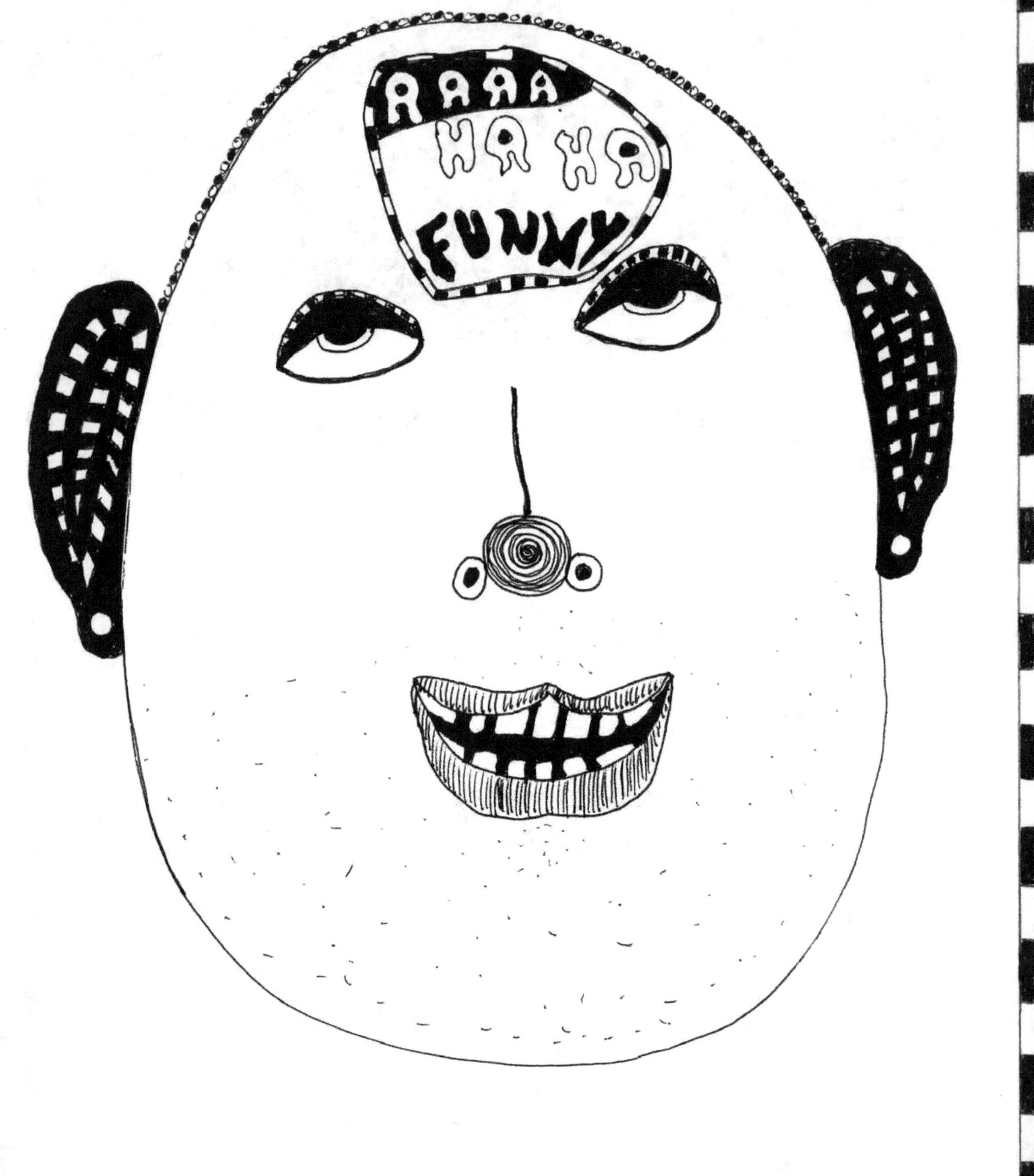
AAAA
HA HA
FUNNY

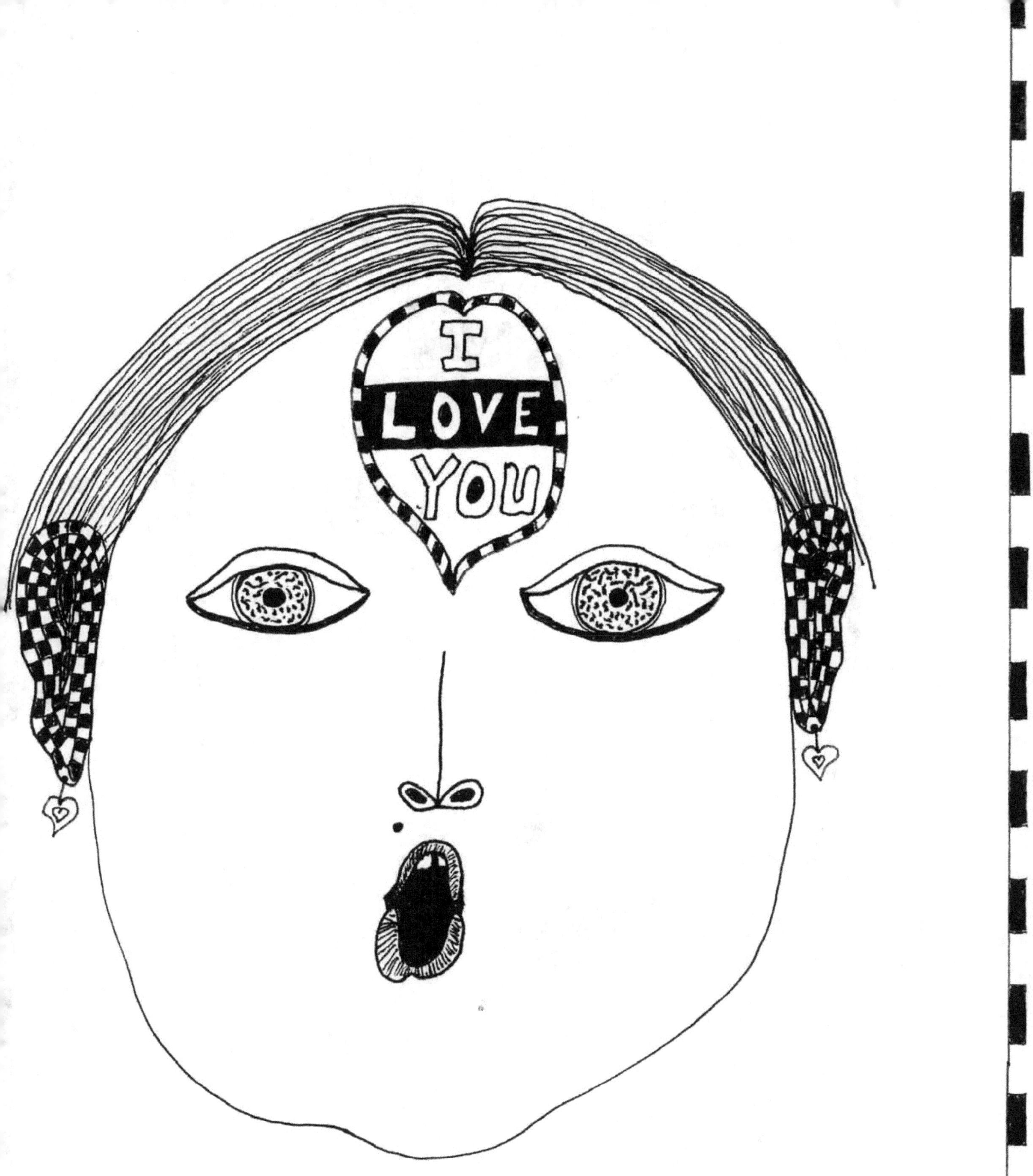
I
LOVE
YOU

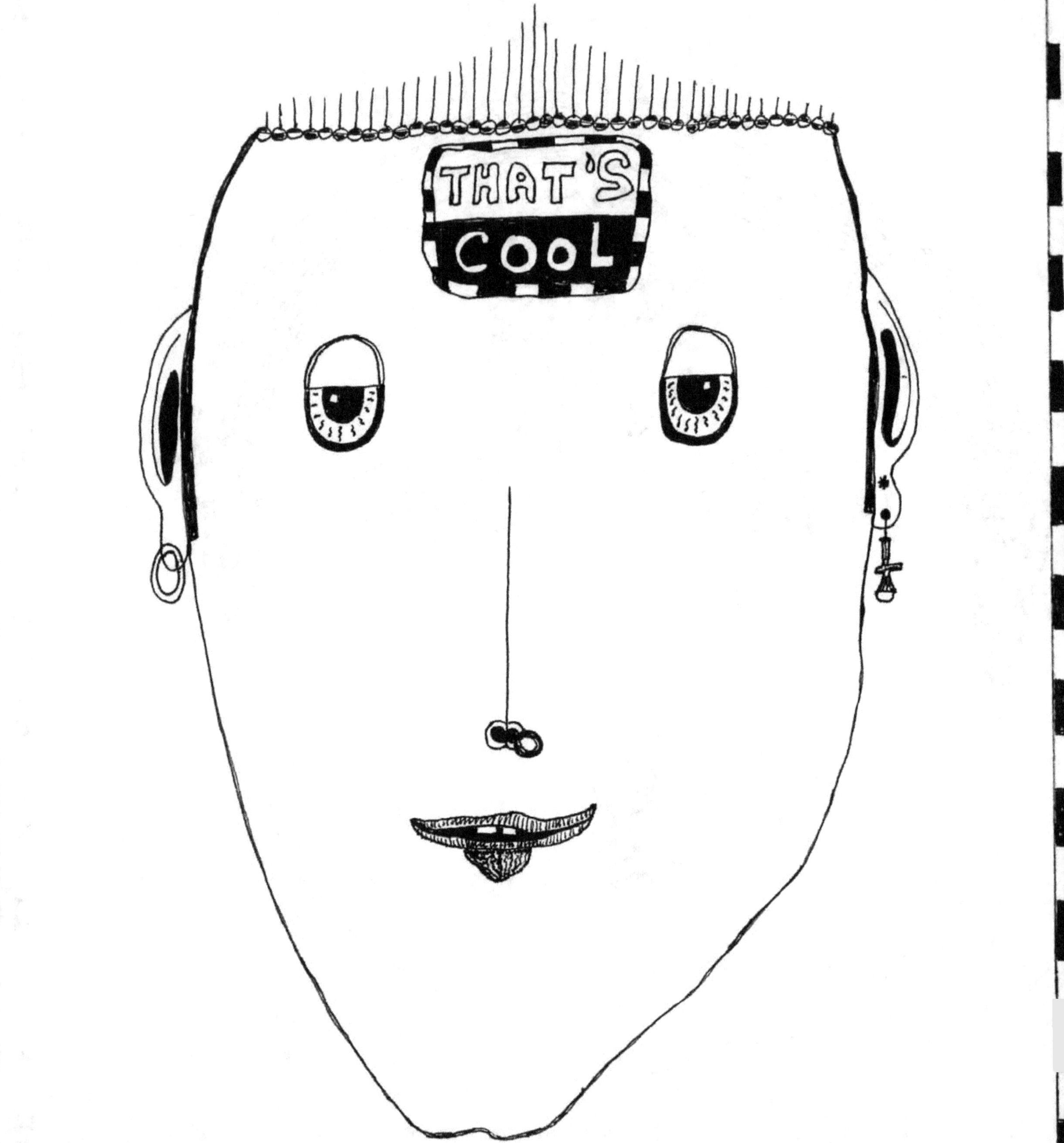
THAT'S
COOL

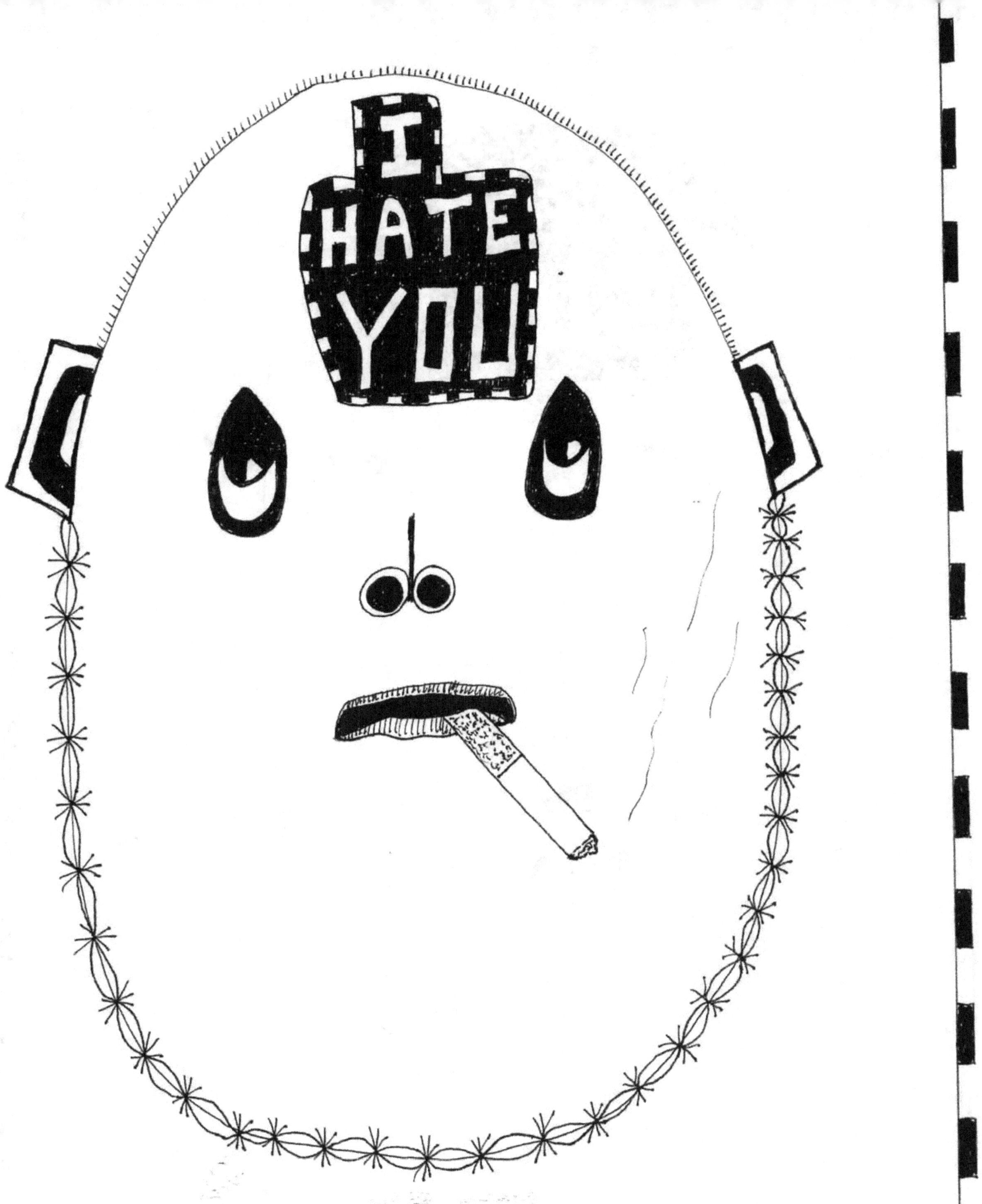
I
HATE
YOU

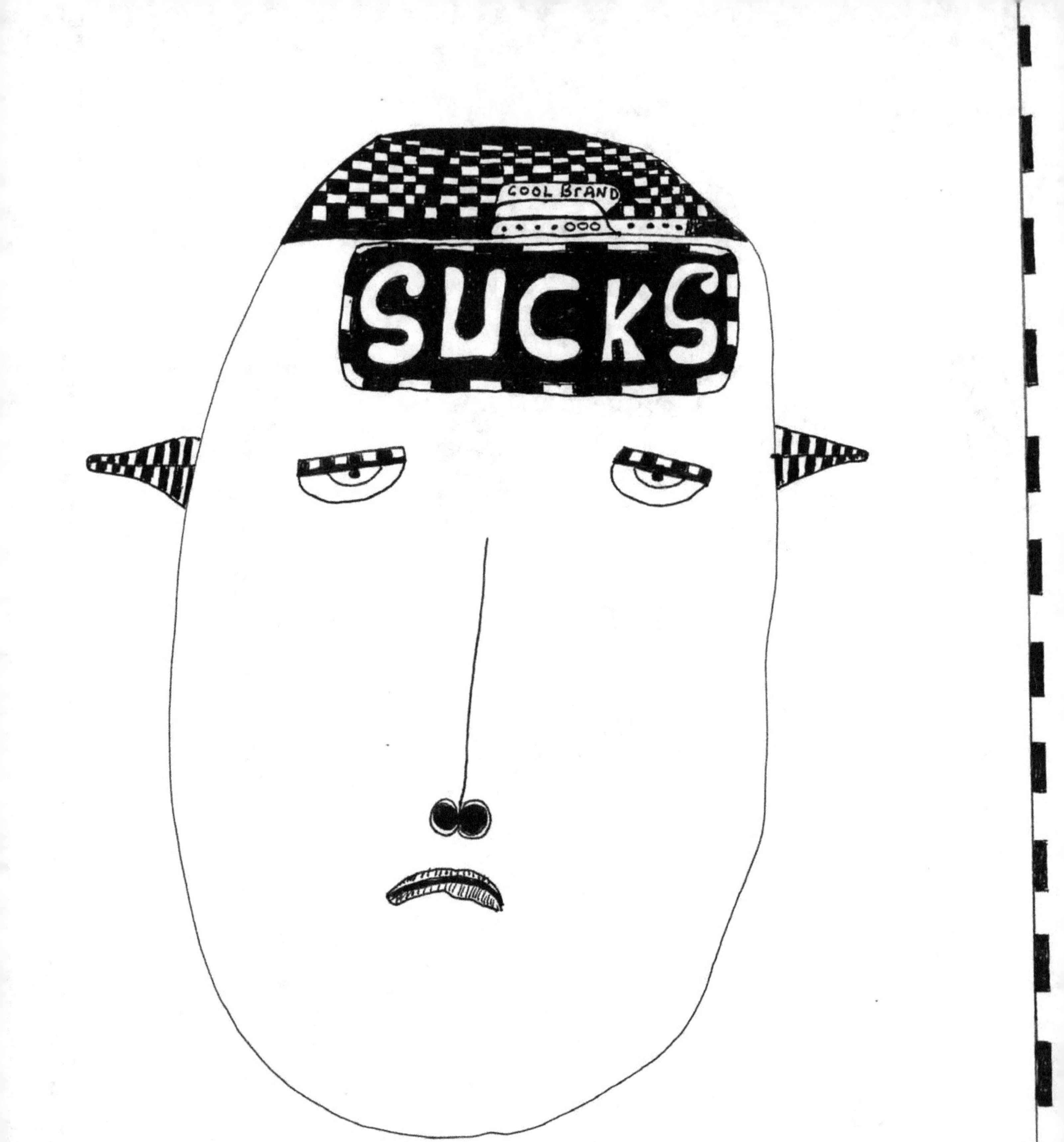
COOL BRAND
SUCKS

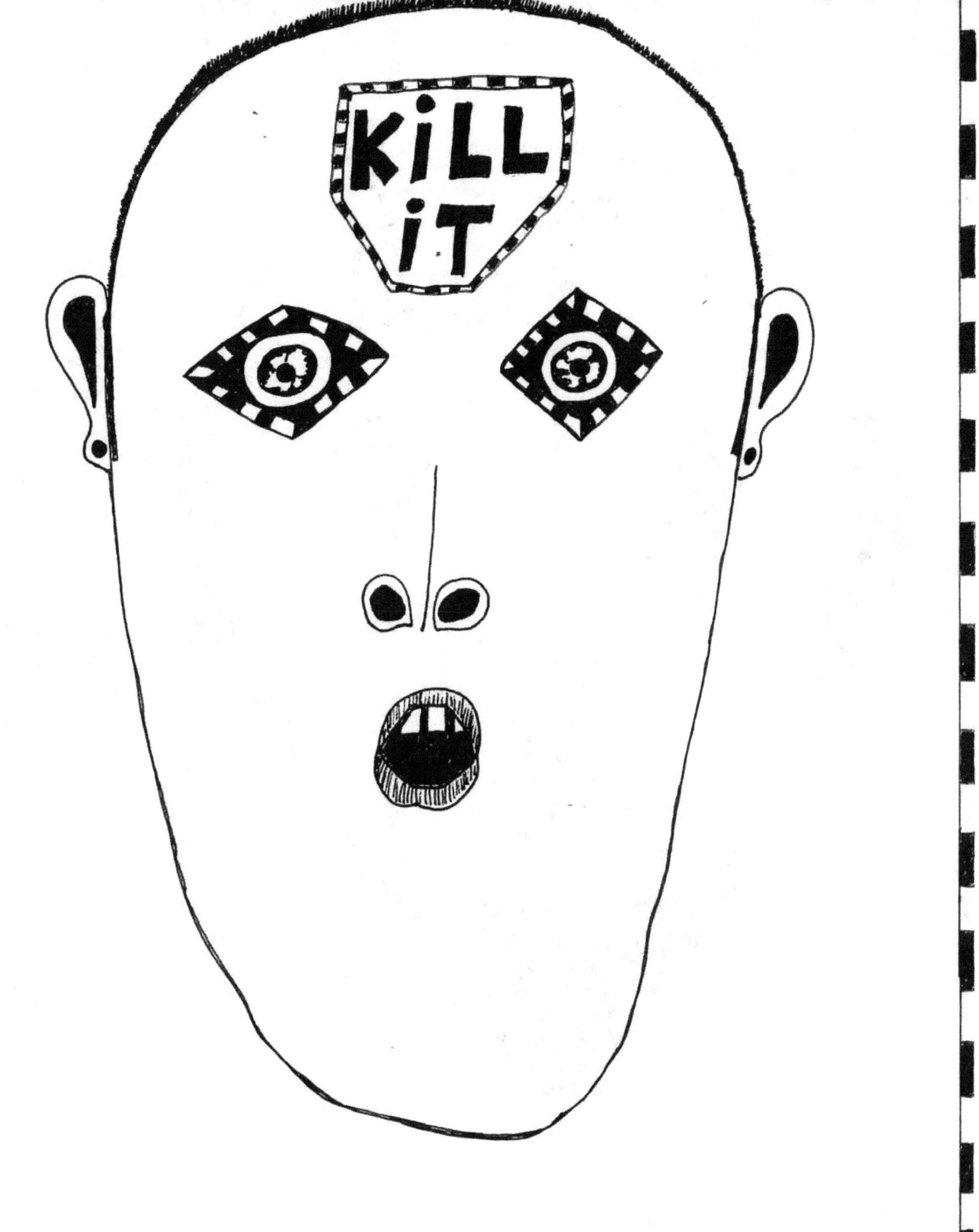
KILL
IT

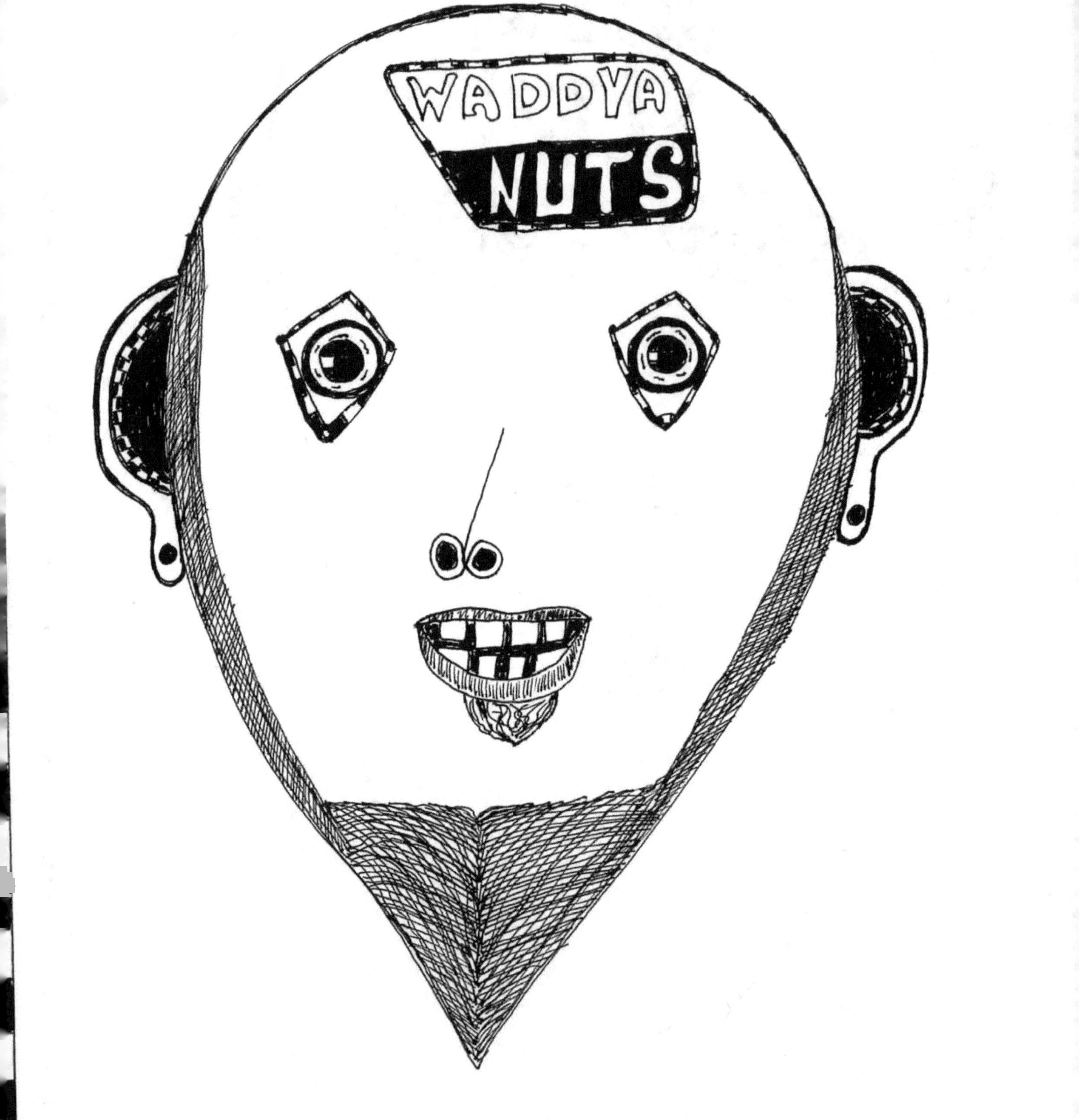
WADDYA
NUTS

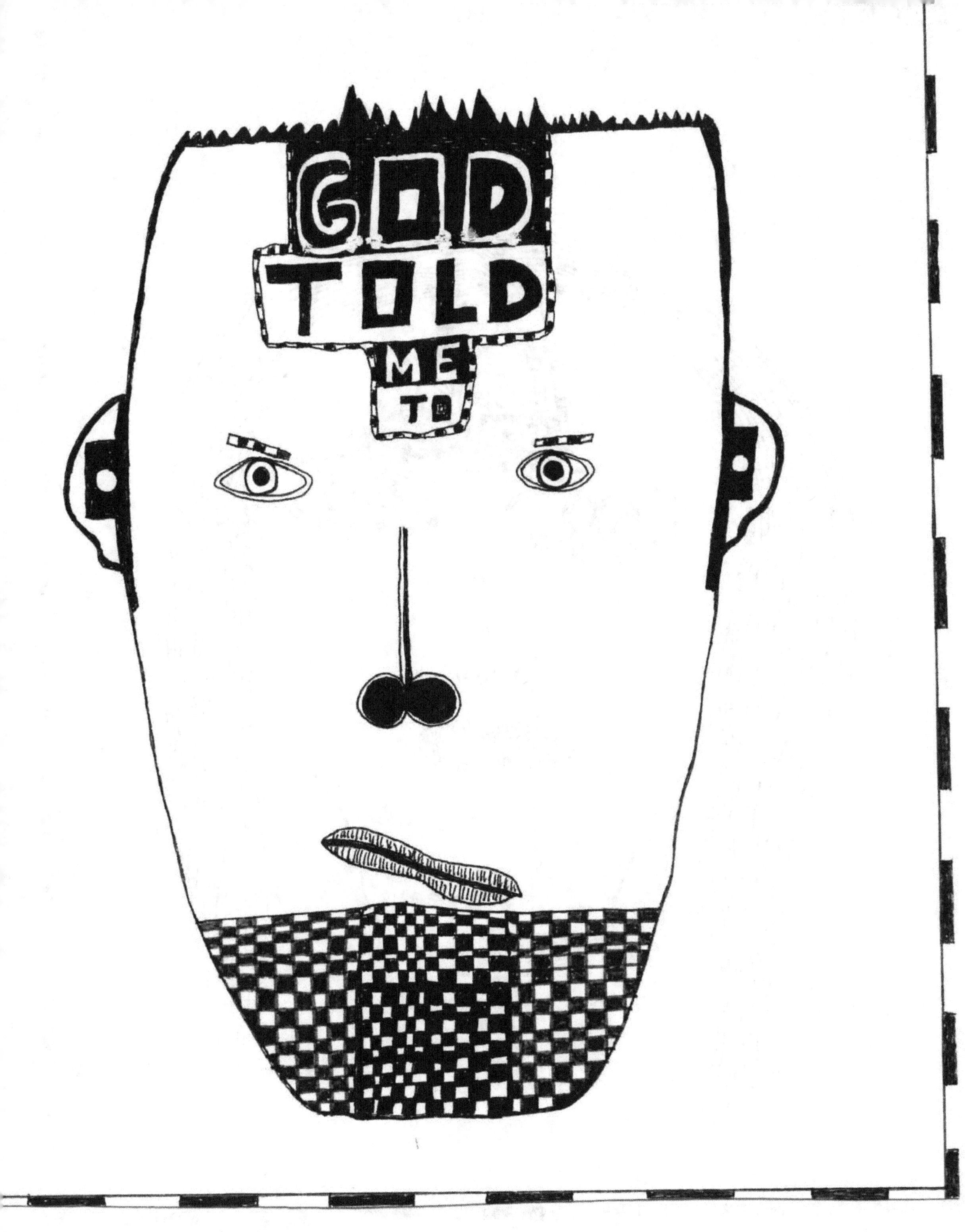
GOD
TOLD
ME
TO

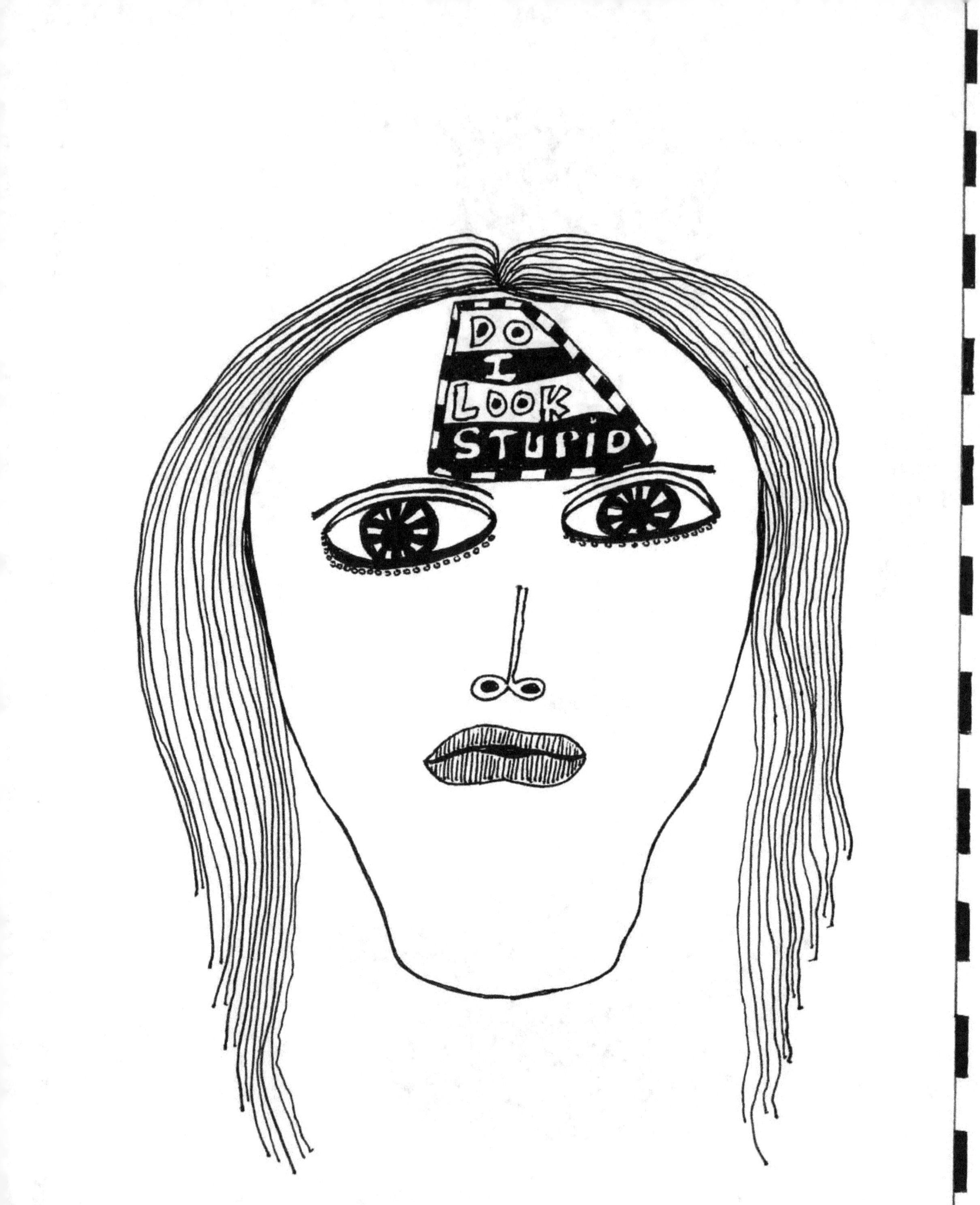
DO
I
LOOK
STUPID

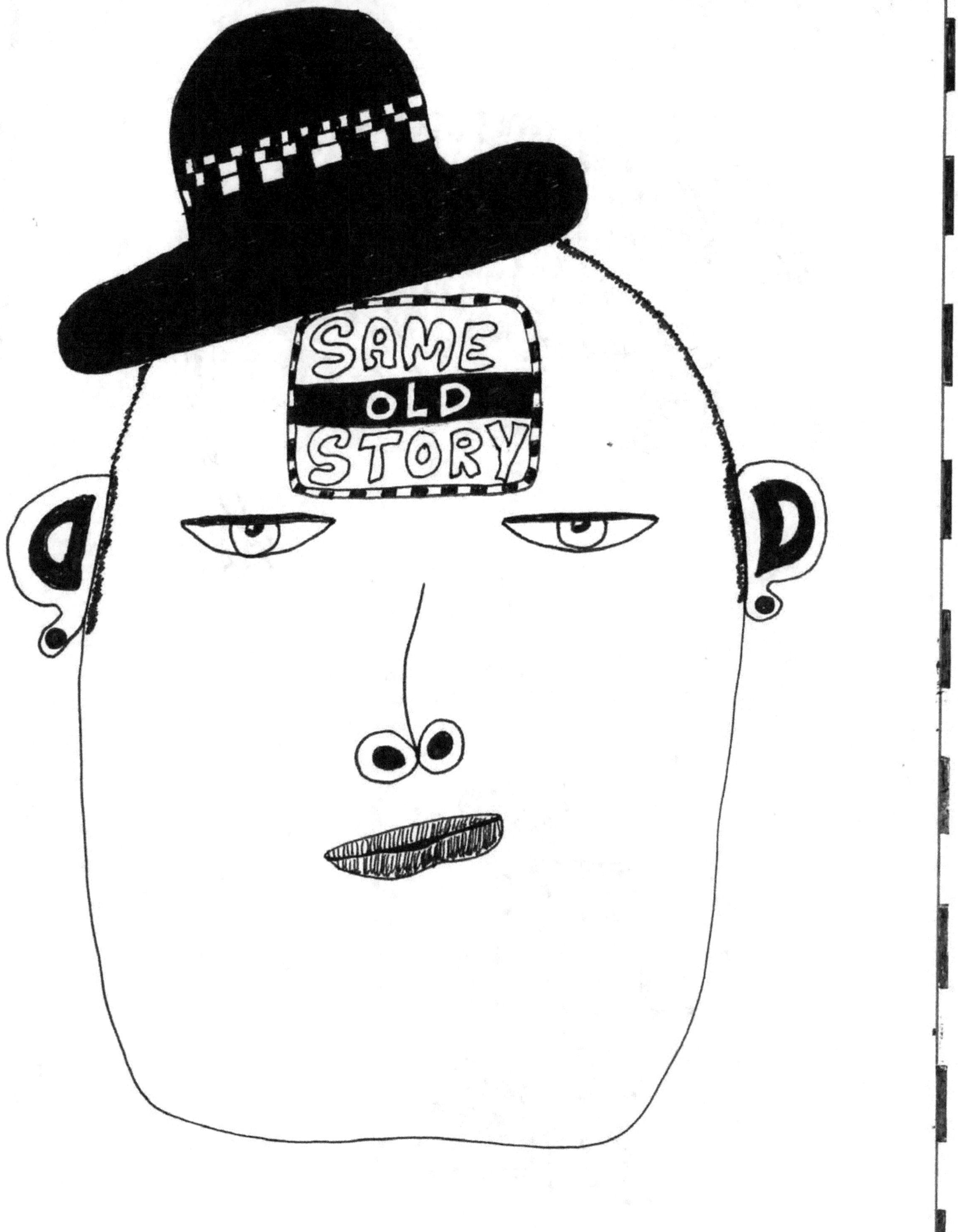
SAME
OLD
STORY

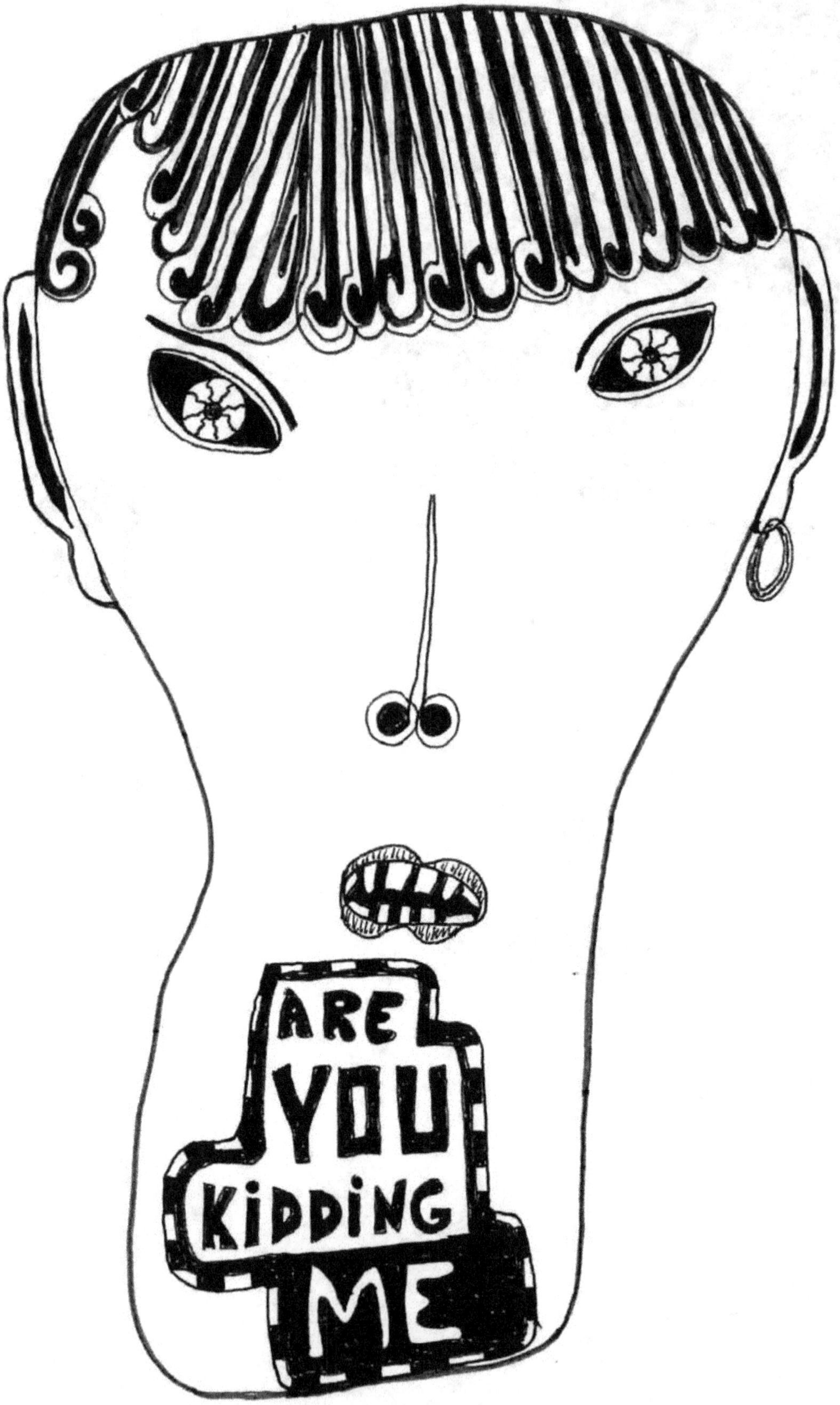
ARE YOU KIDDING ME

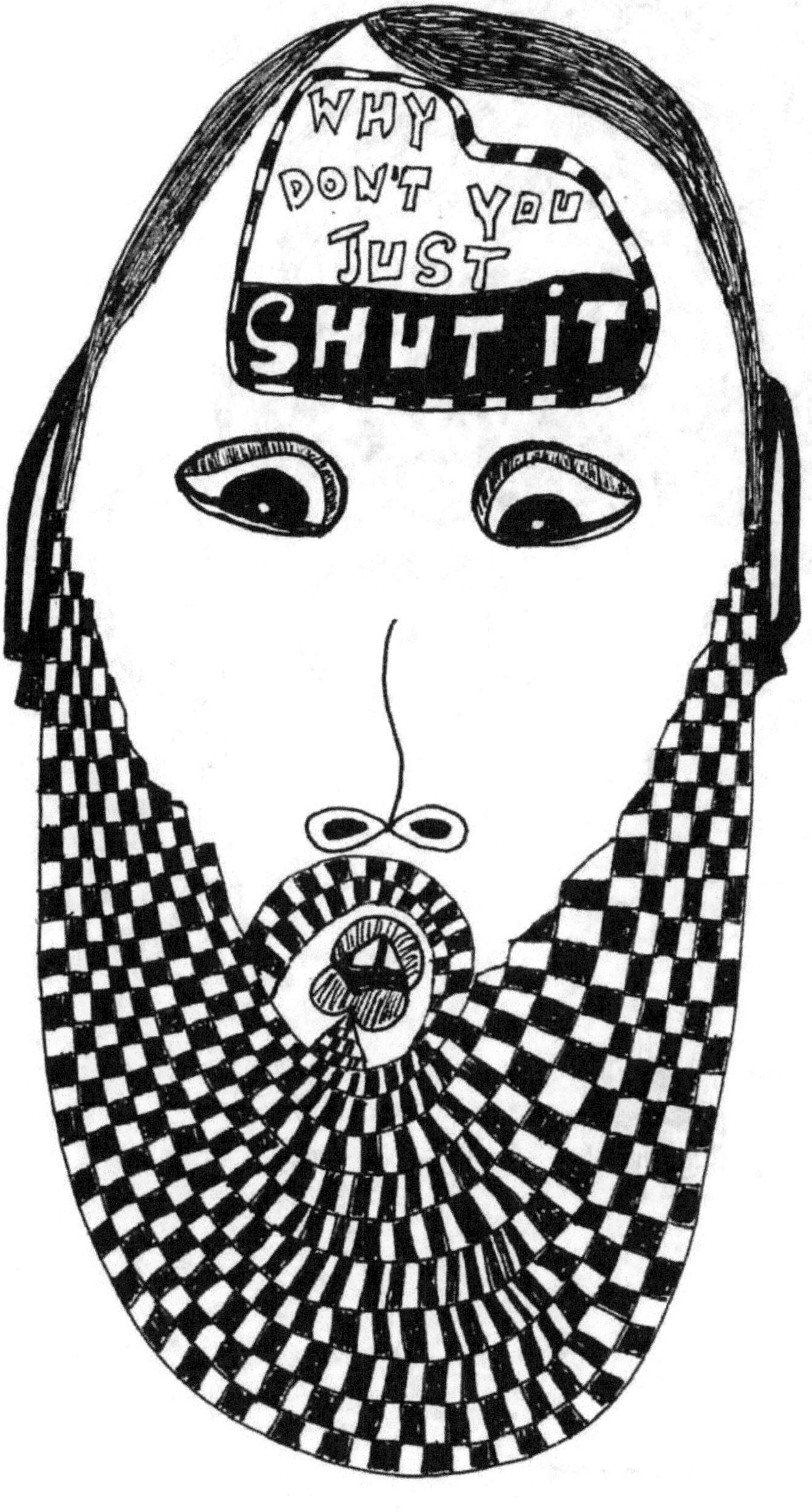
WHY DON'T YOU JUST
SHUT IT

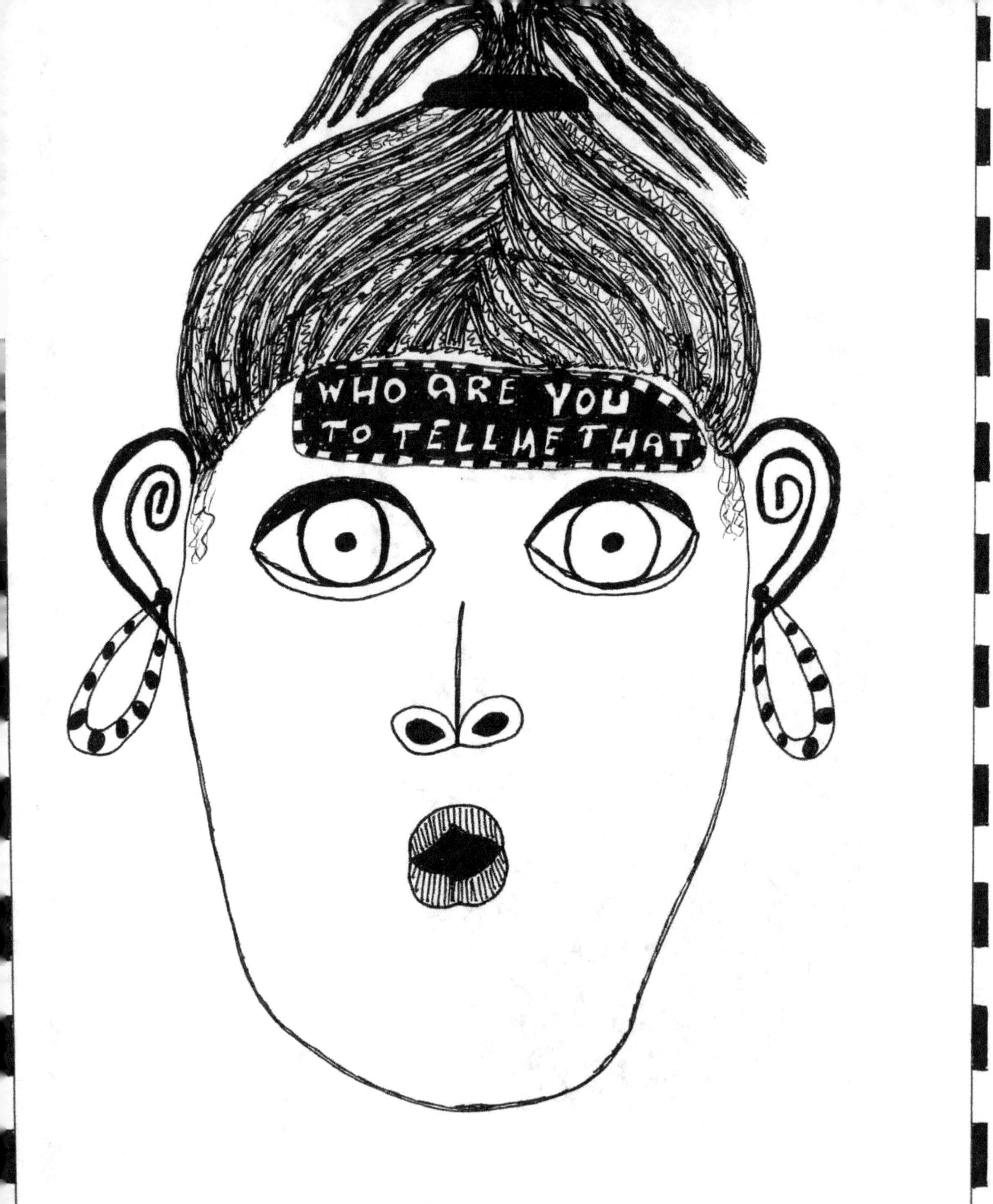
WHO ARE YOU
TO TELL ME THAT

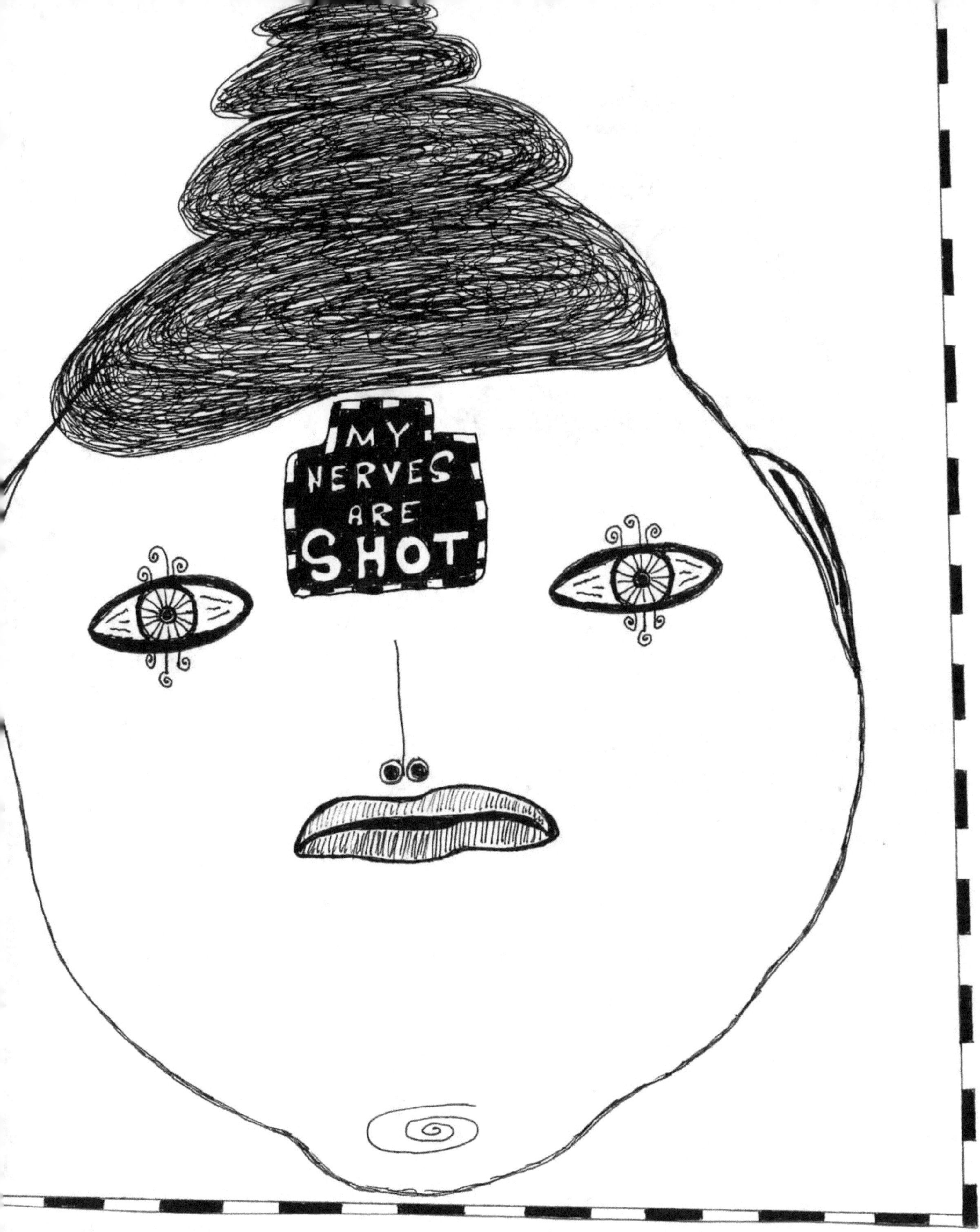
MY NERVES ARE SHOT

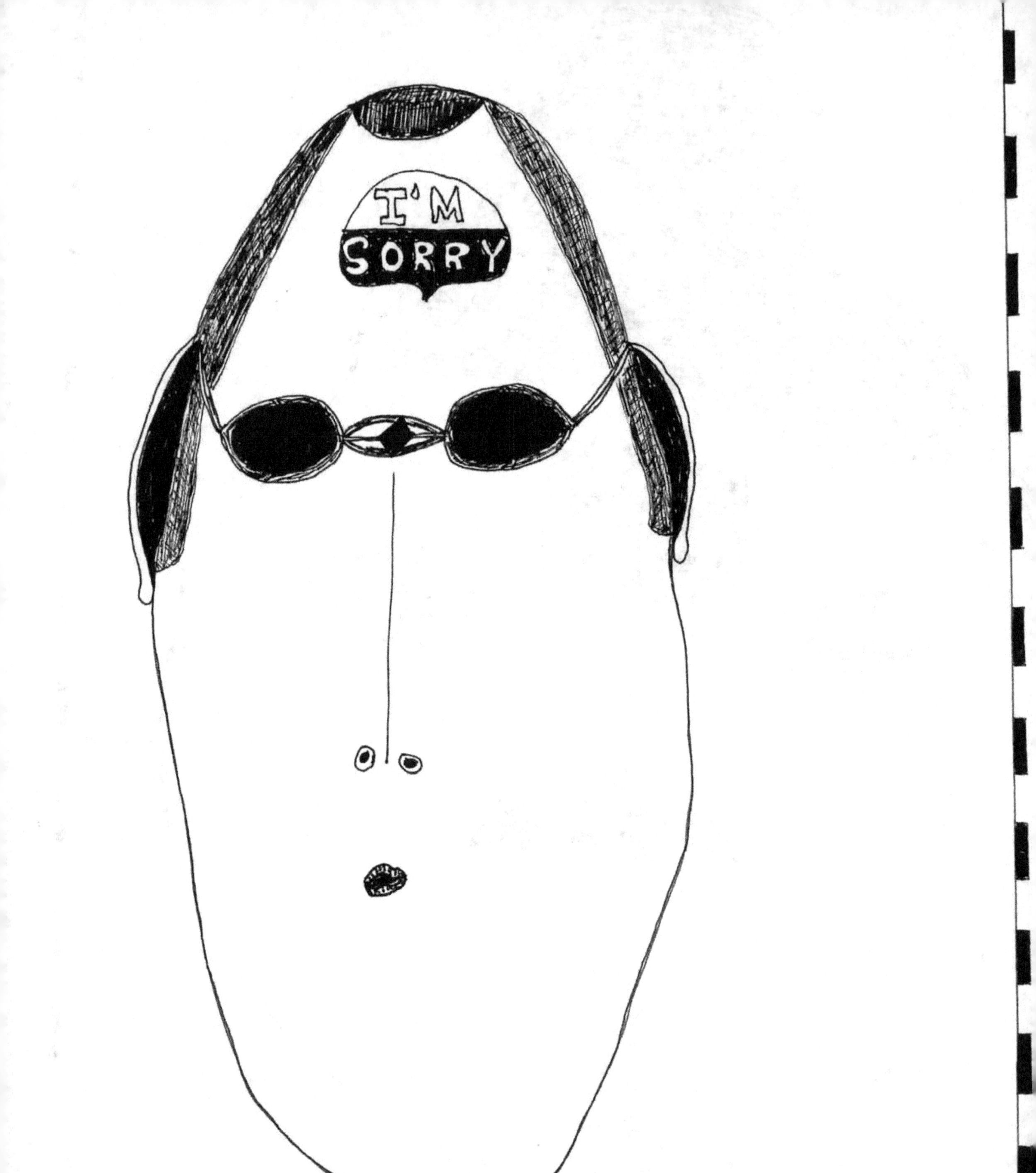
I'M
SORRY

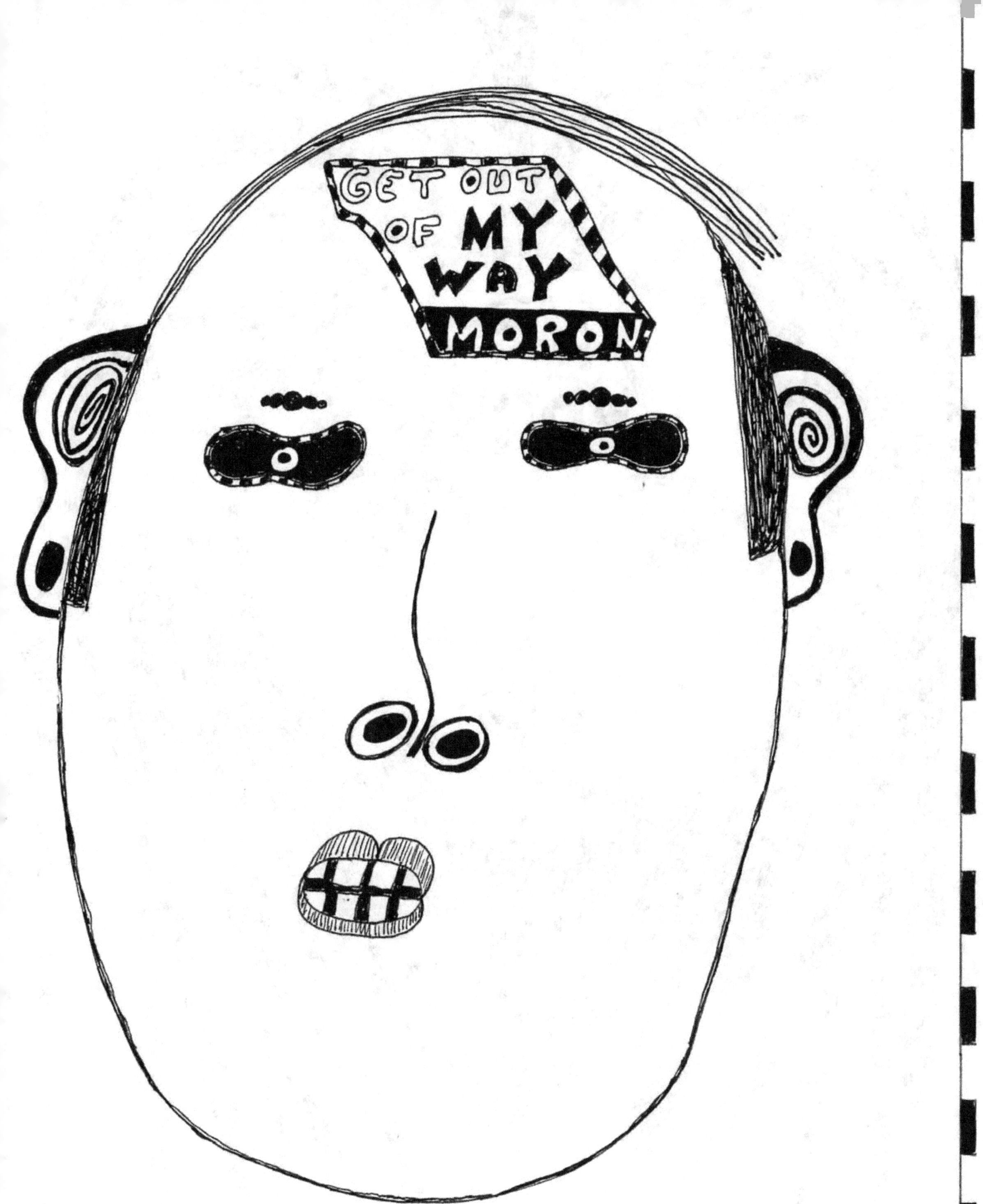
GET OUT
OF MY
WAY
MORON

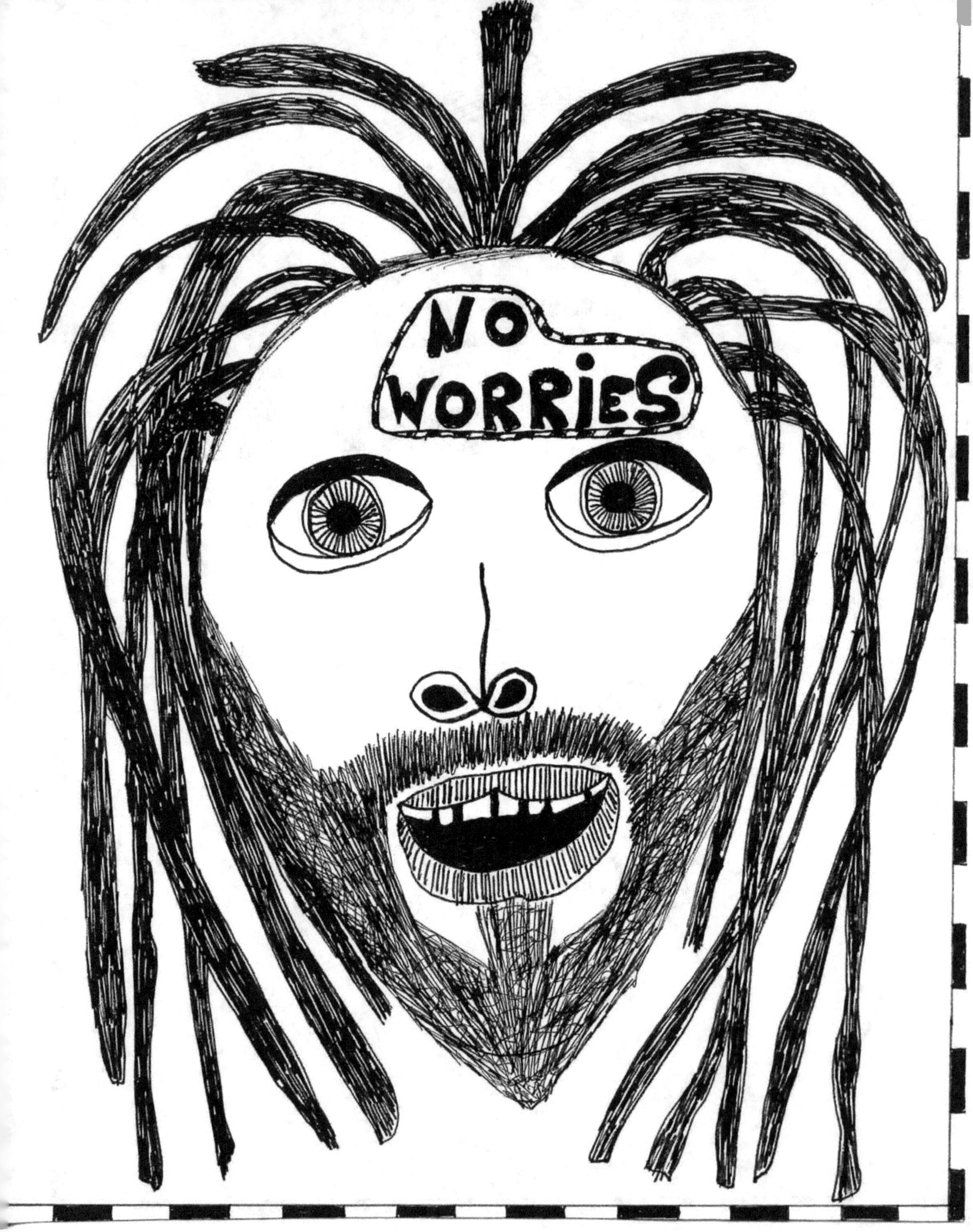
NO
WORRIES

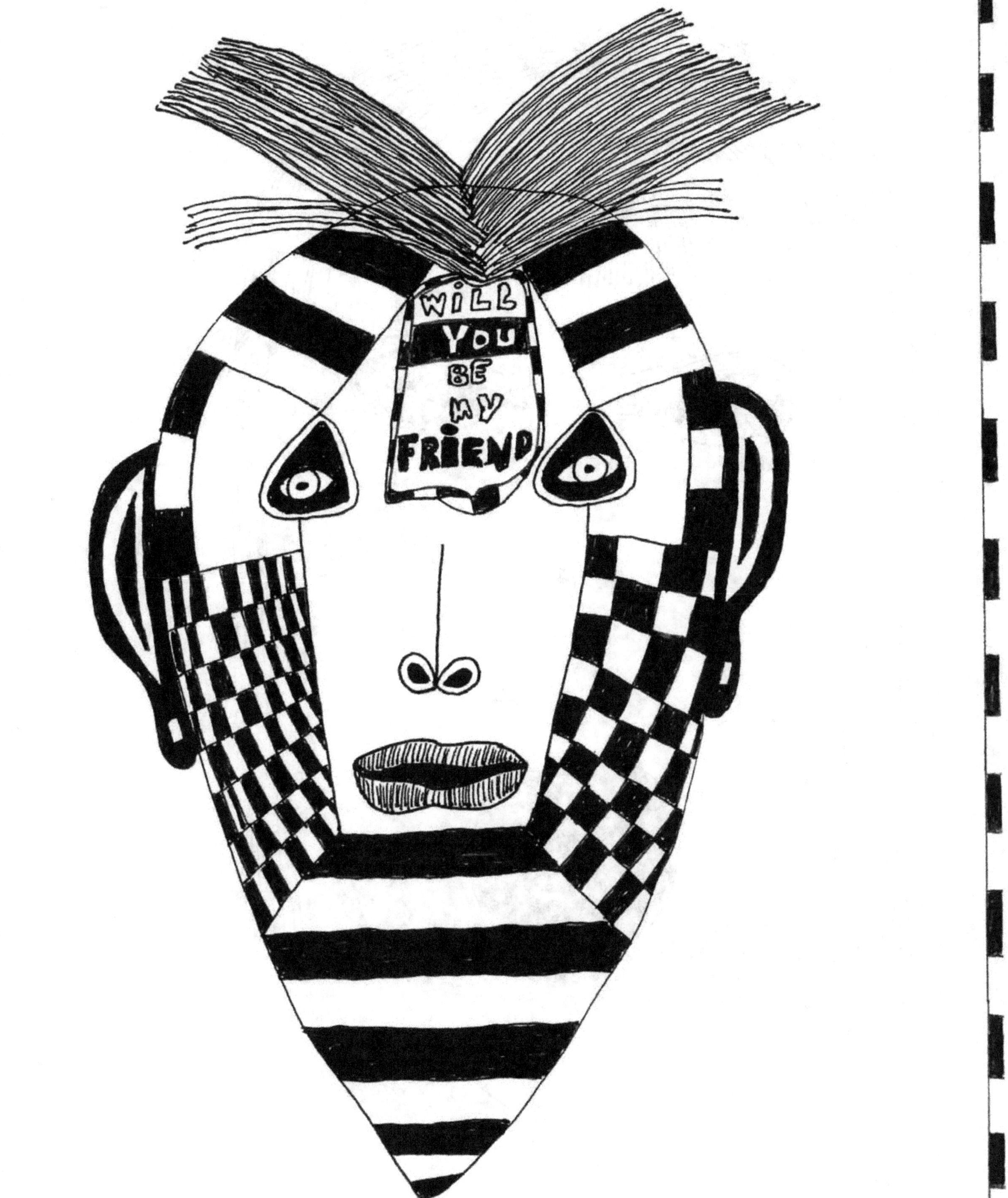
WILL
YOU
BE
MY
FRIEND

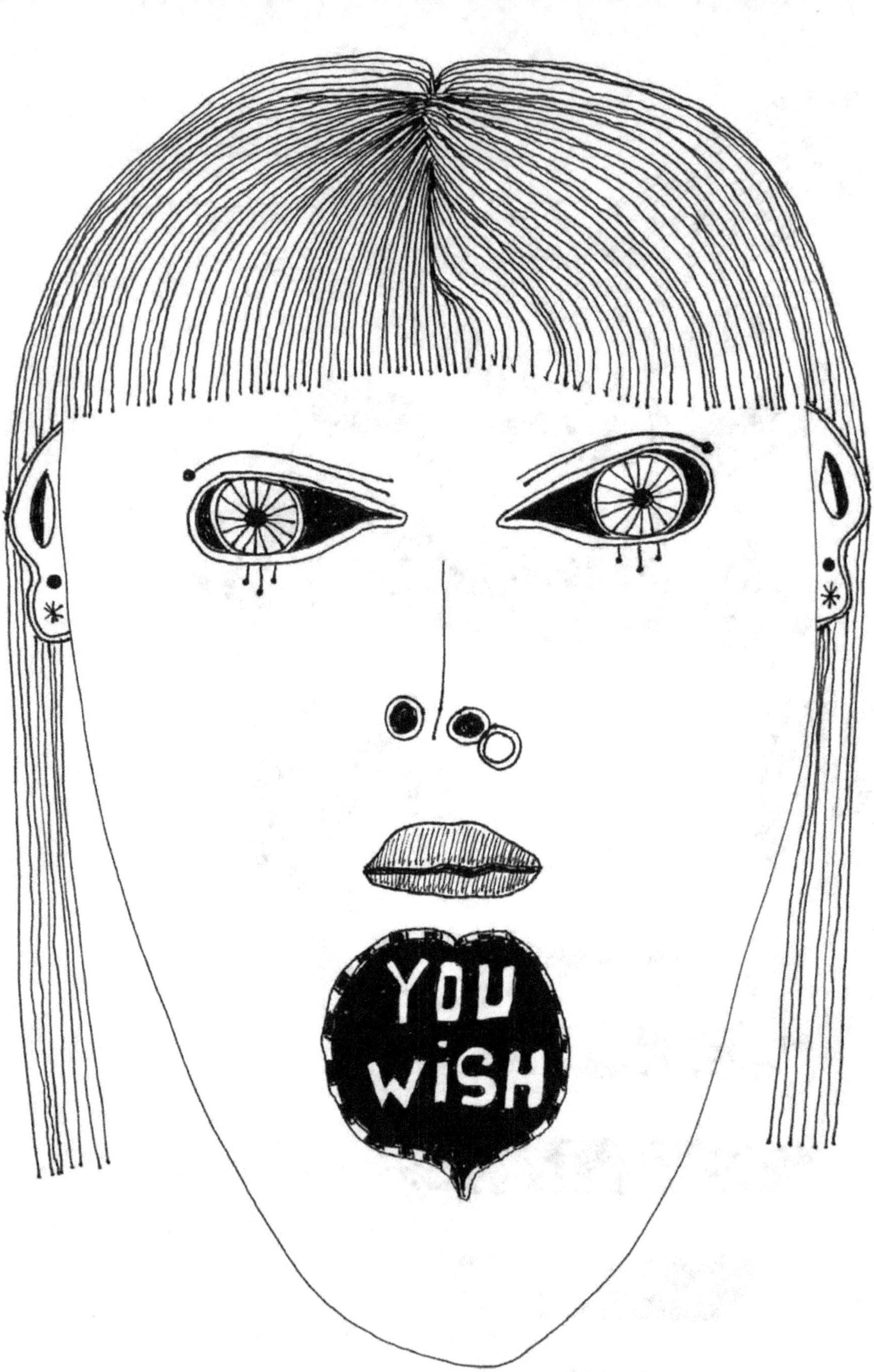
YOU WISH

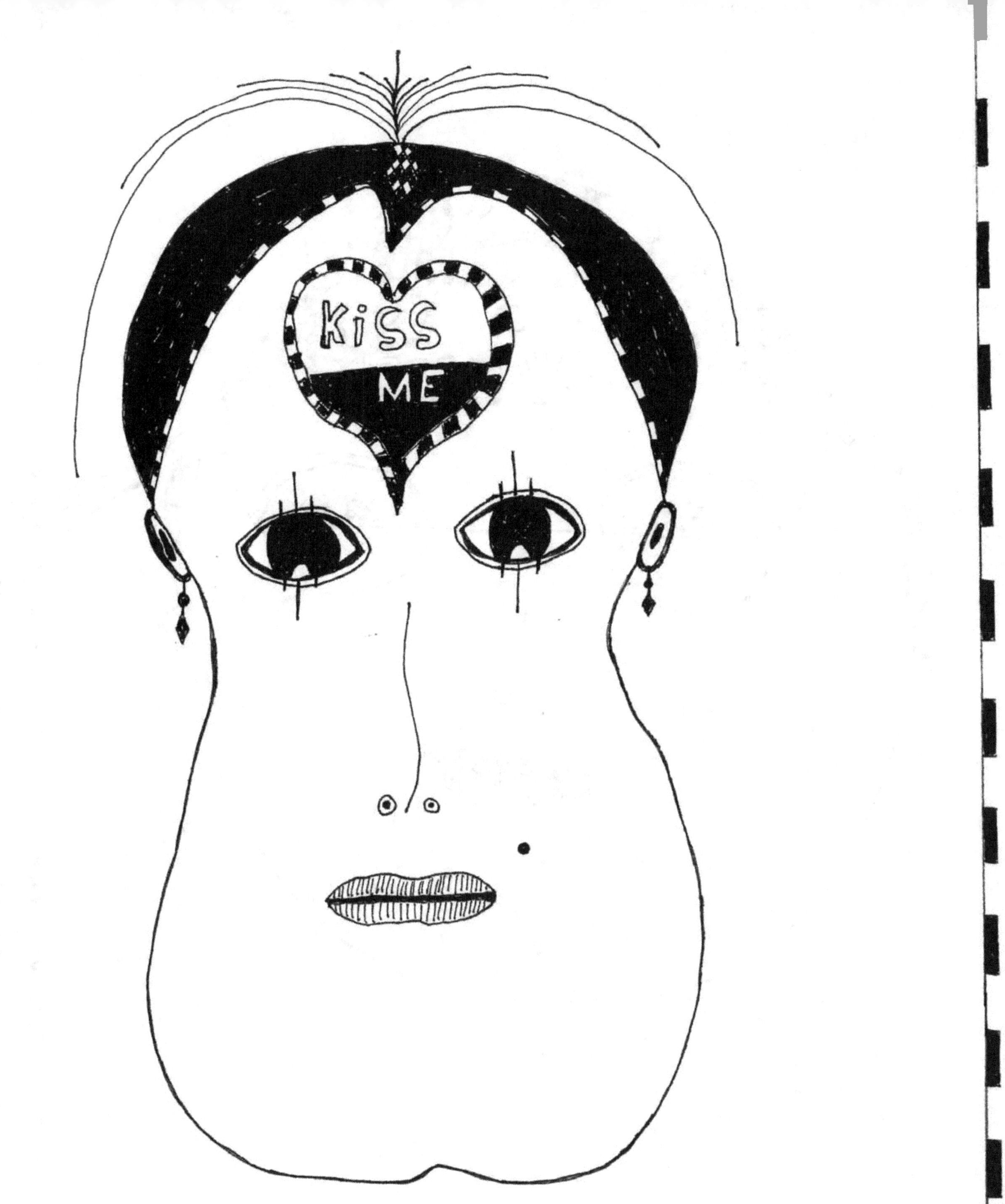
KiSS
ME

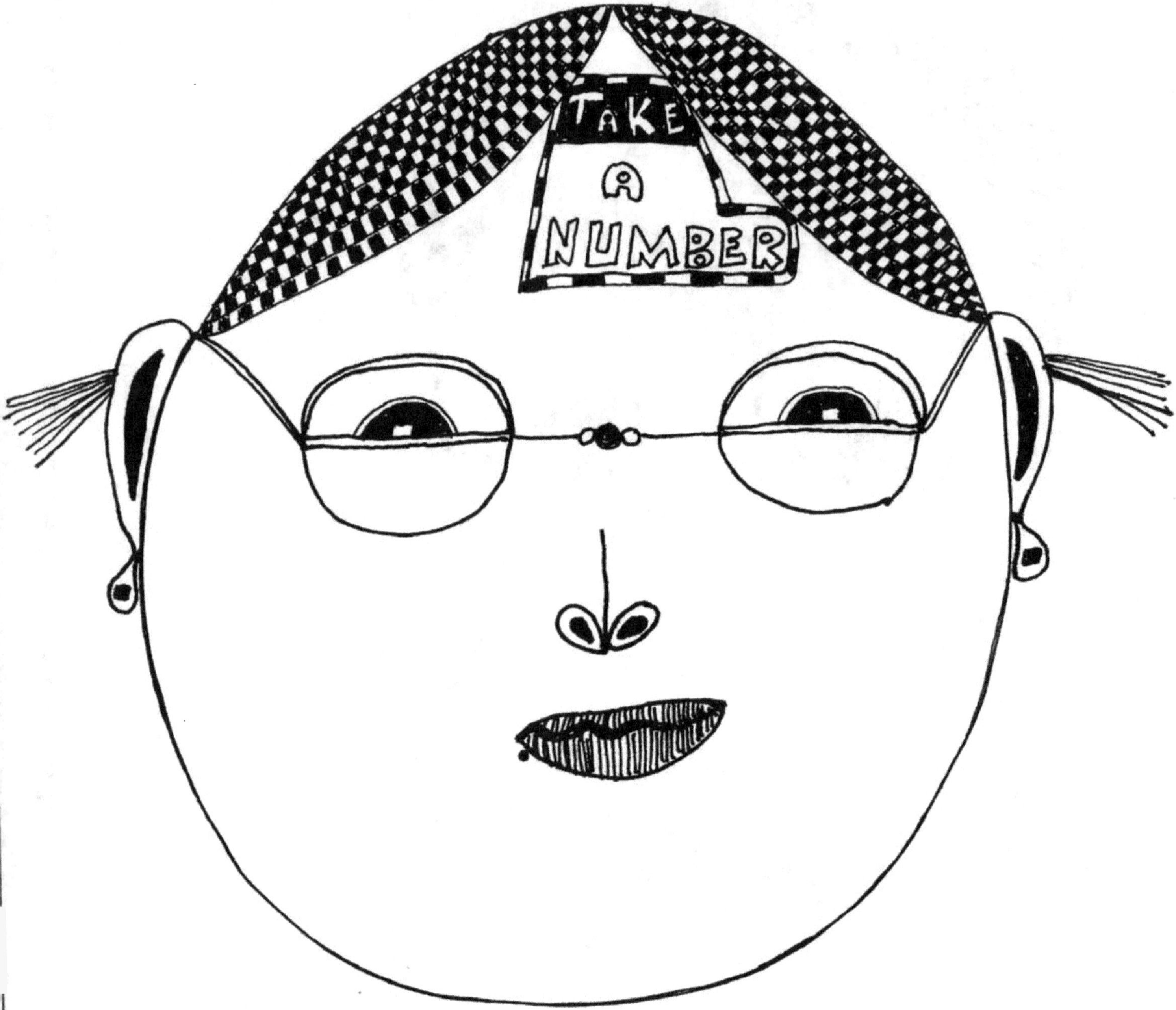
TAKE
A
NUMBER

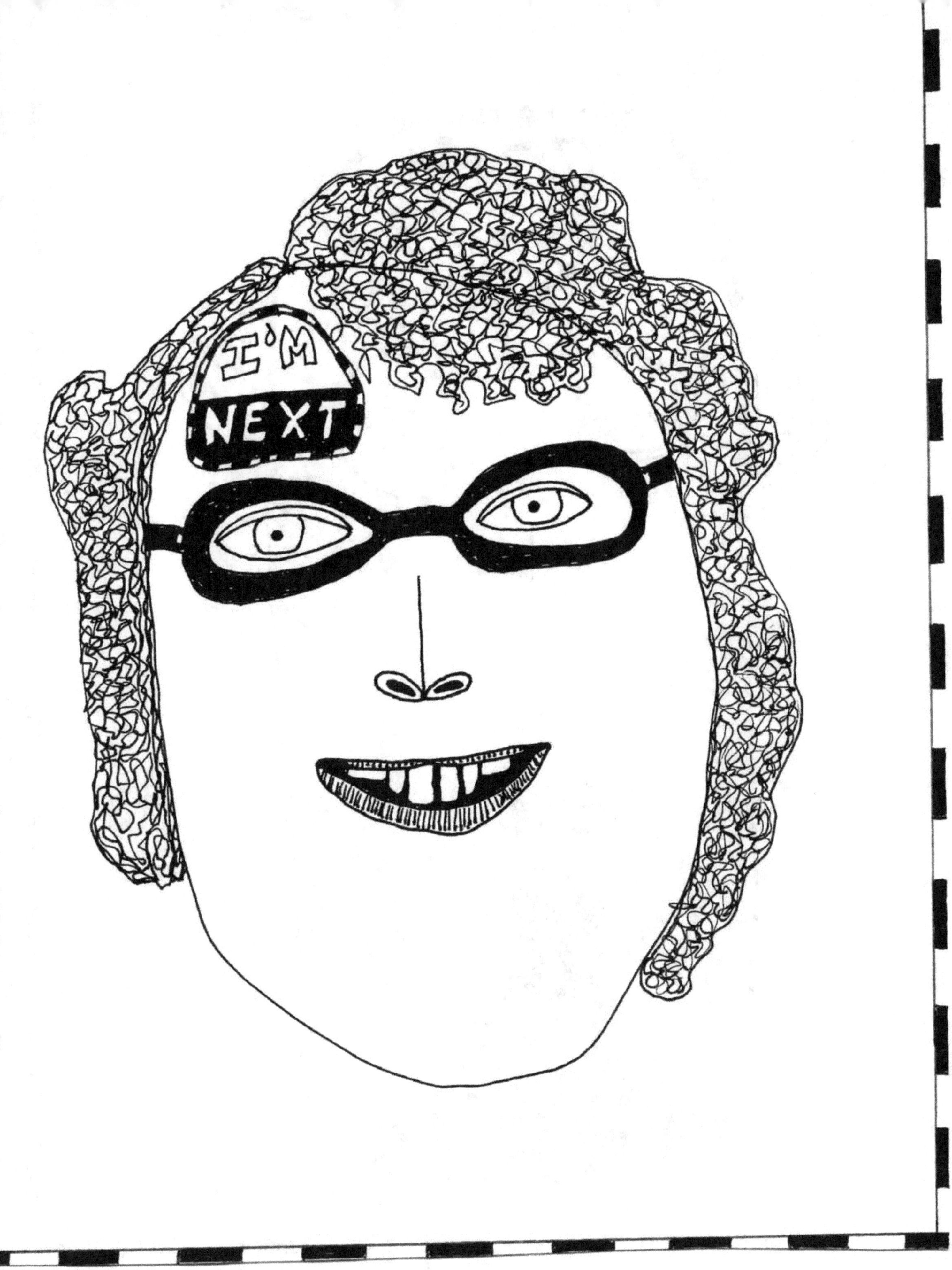
I'M
NEXT

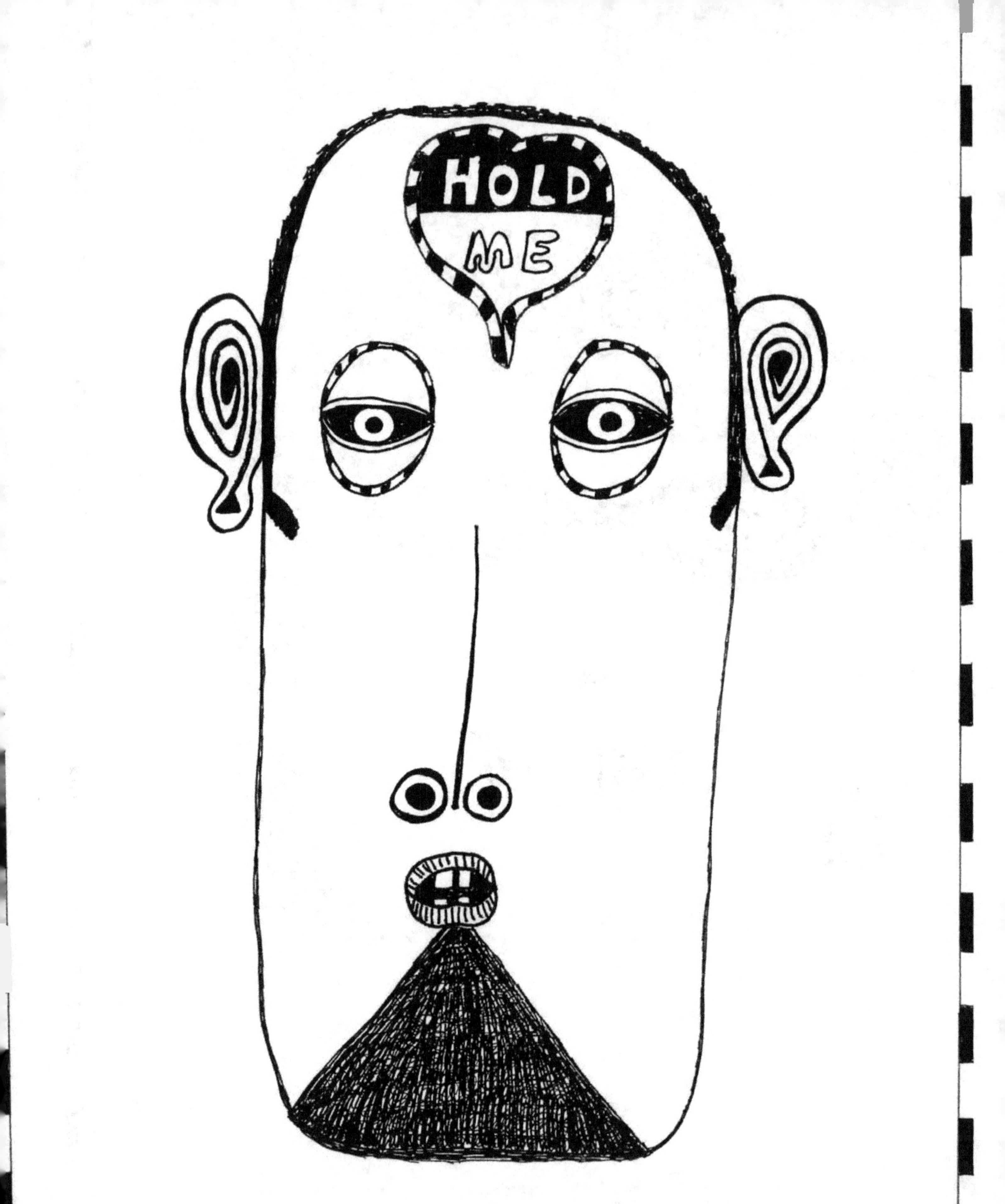
HOLD
ME

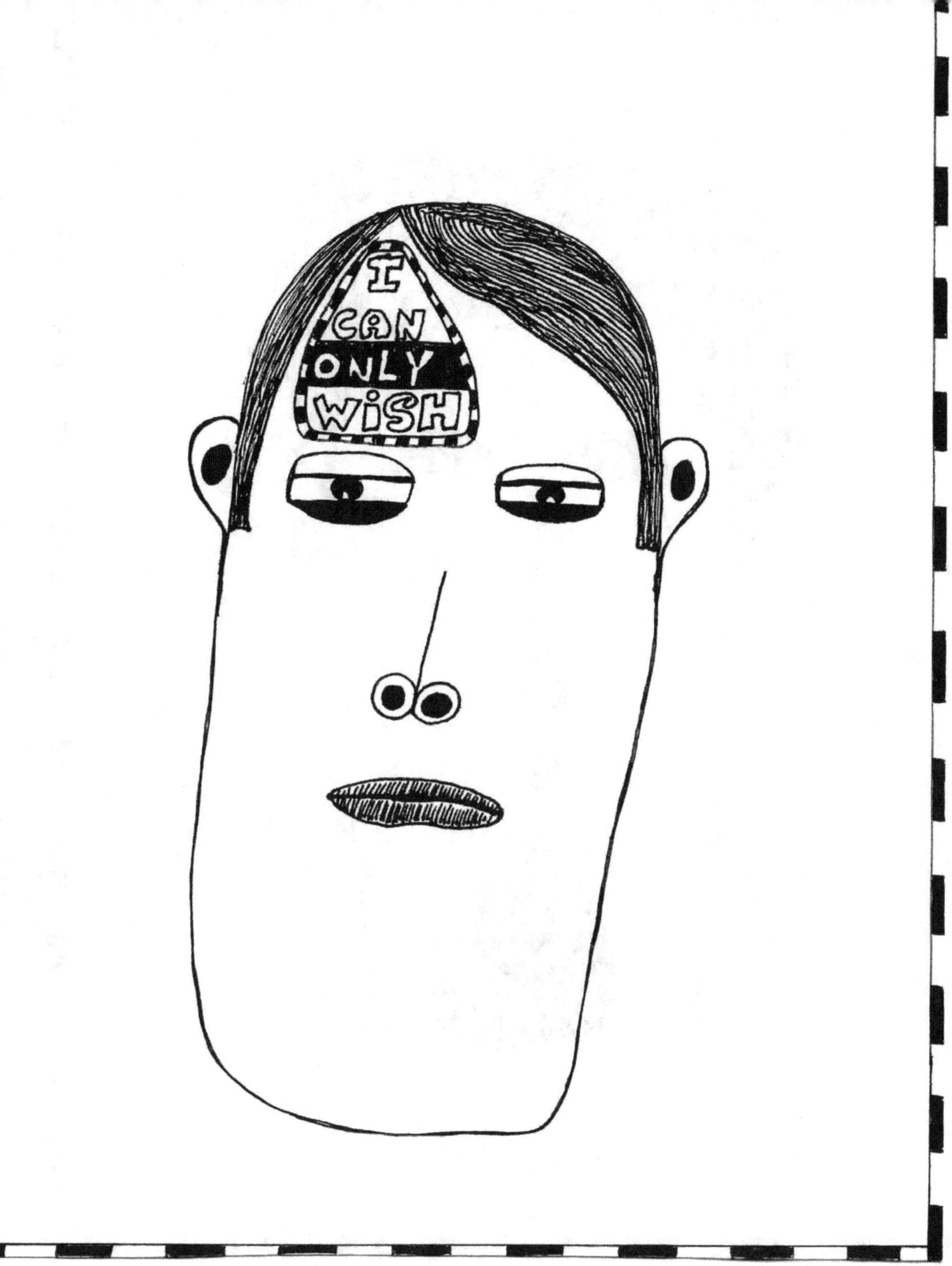
I
CAN
ONLY
WISH

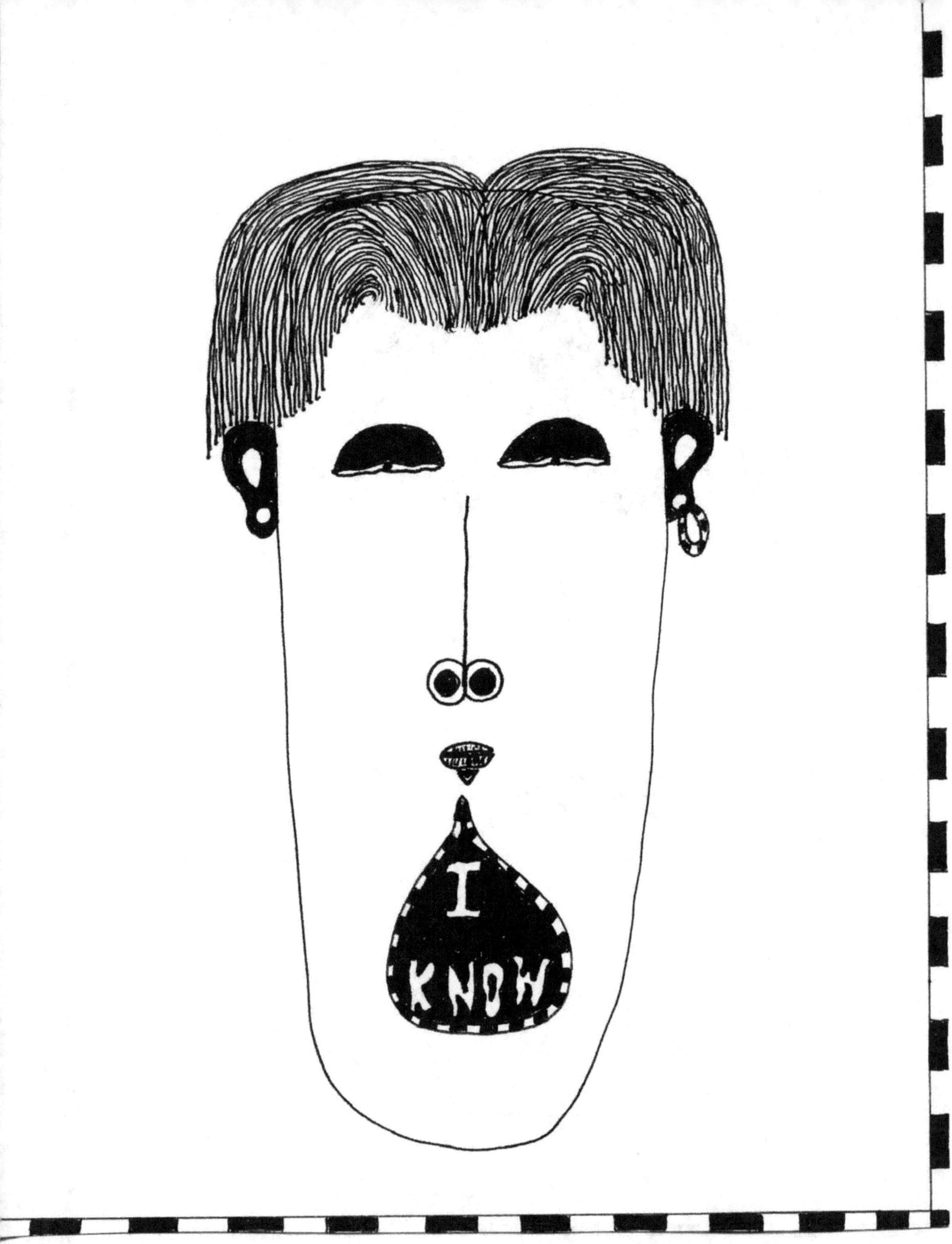
I
KNOW

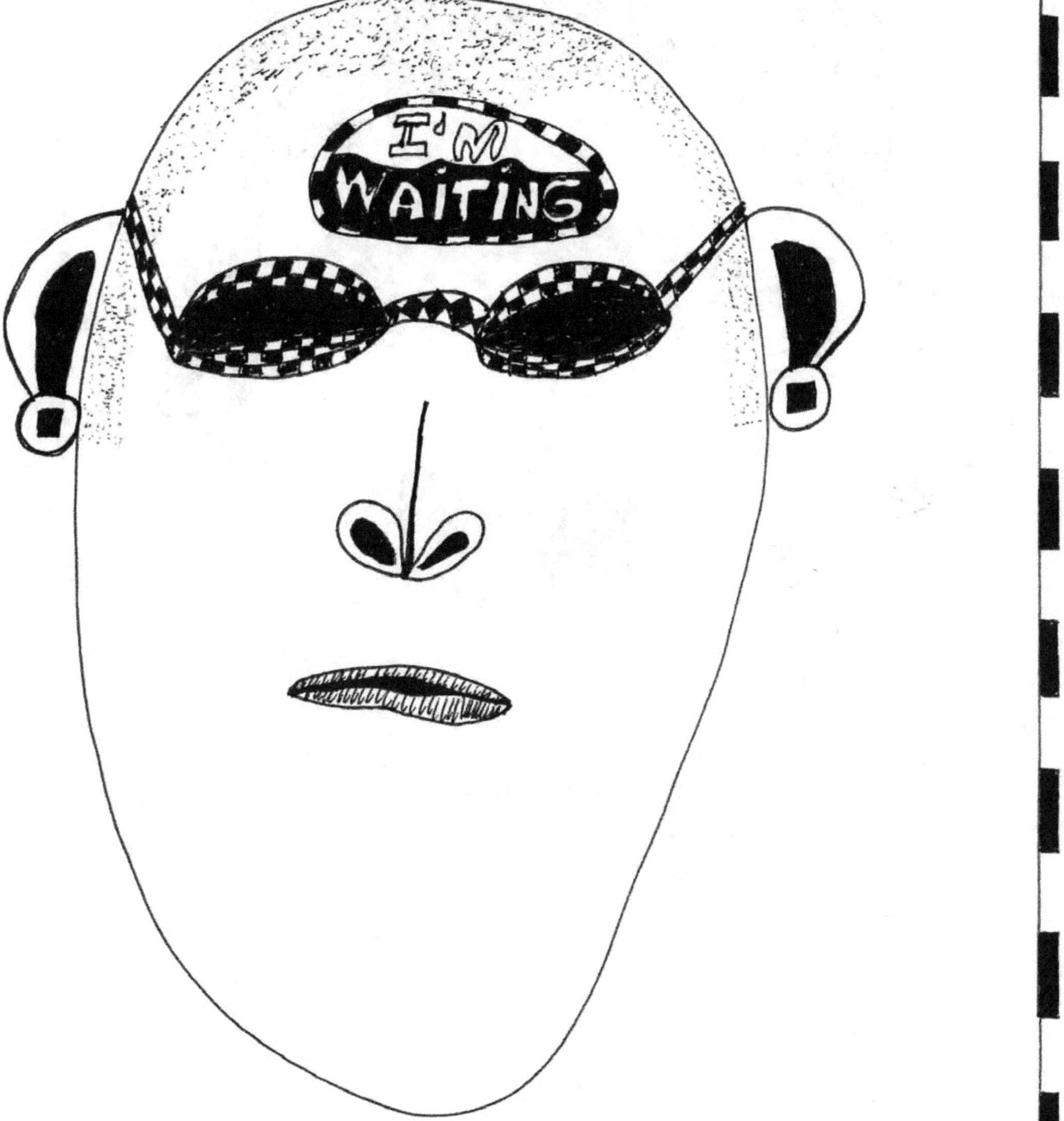
I'M
WAITING

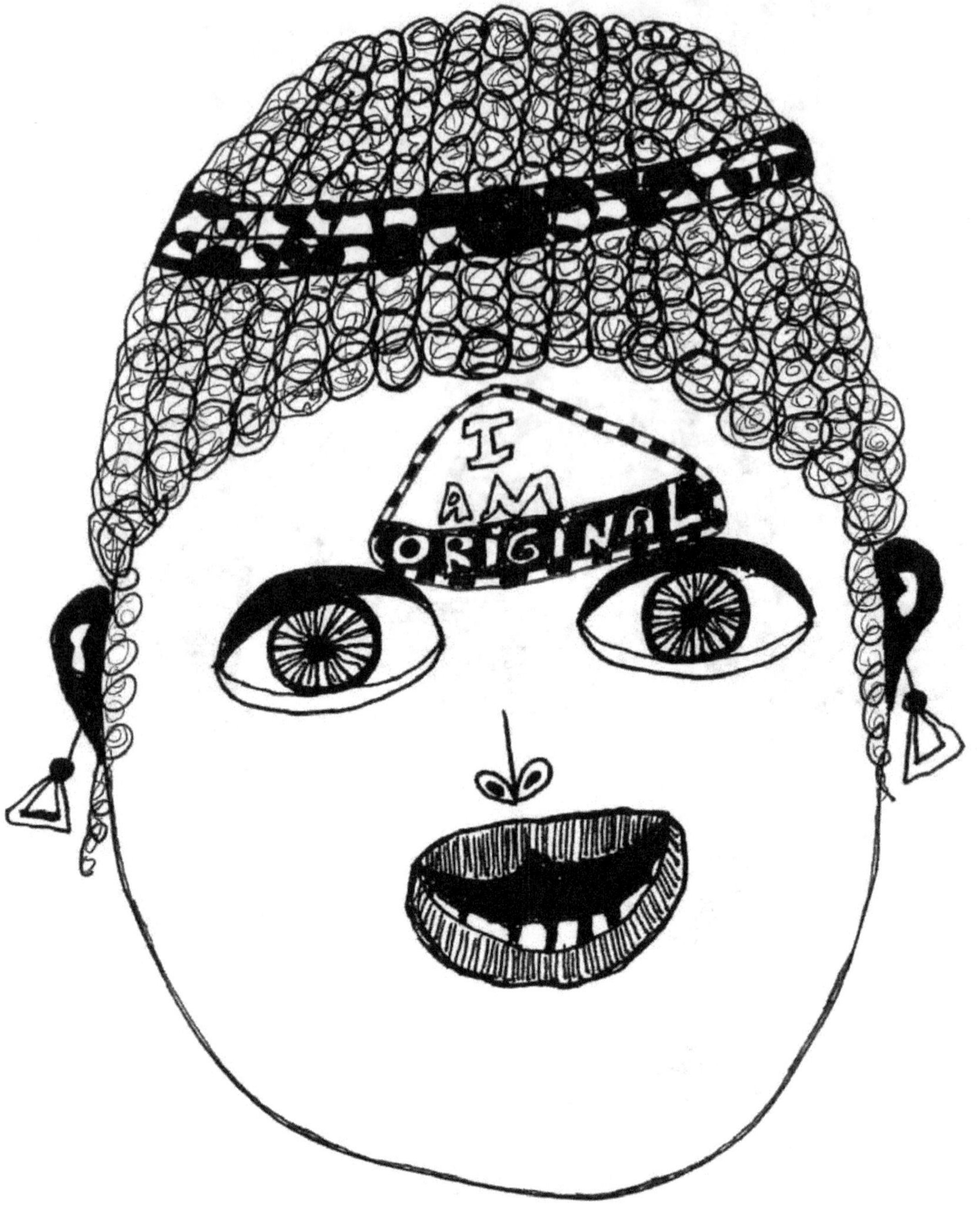
I AM ORIGINAL

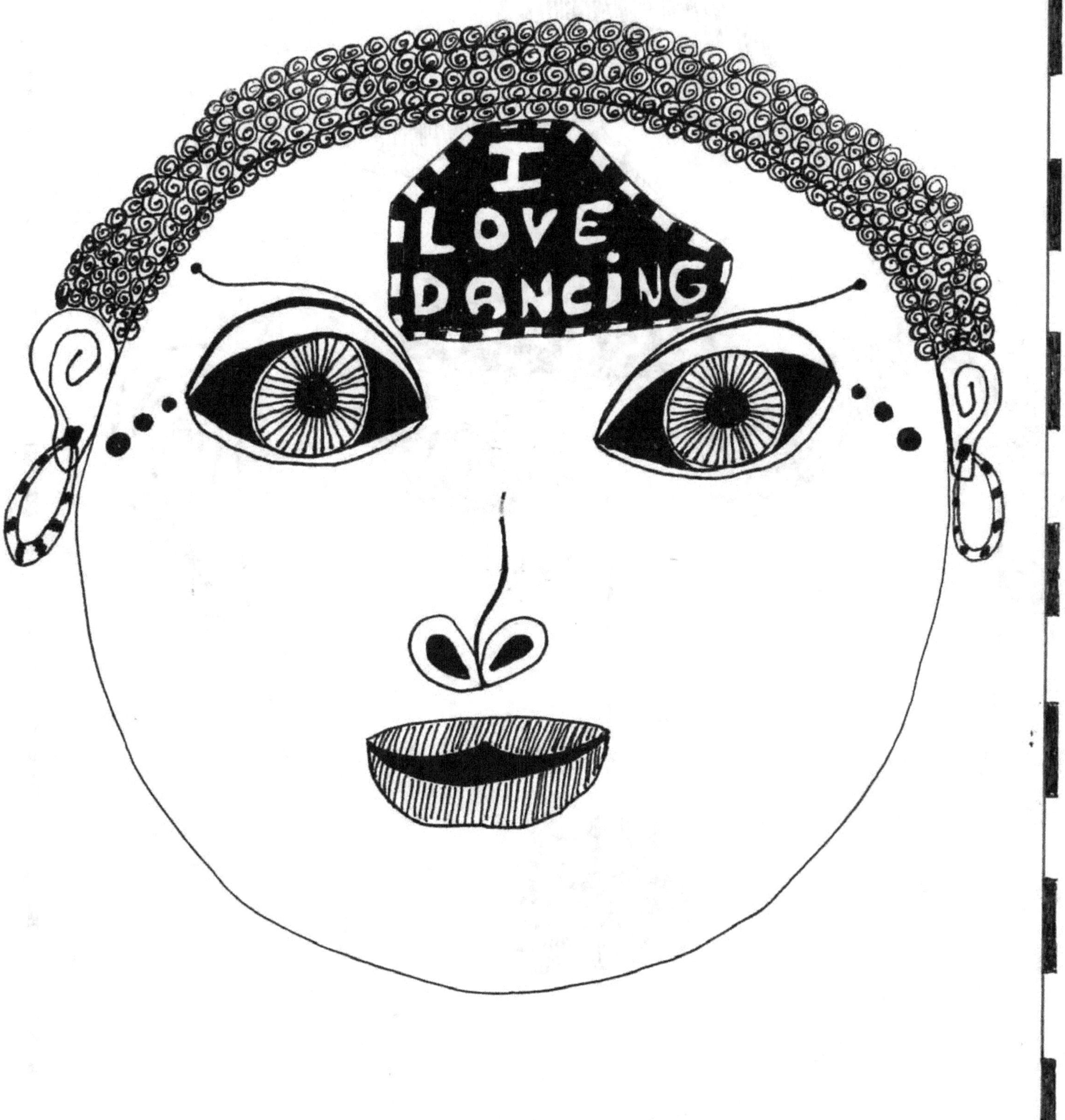
I LOVE DANCING

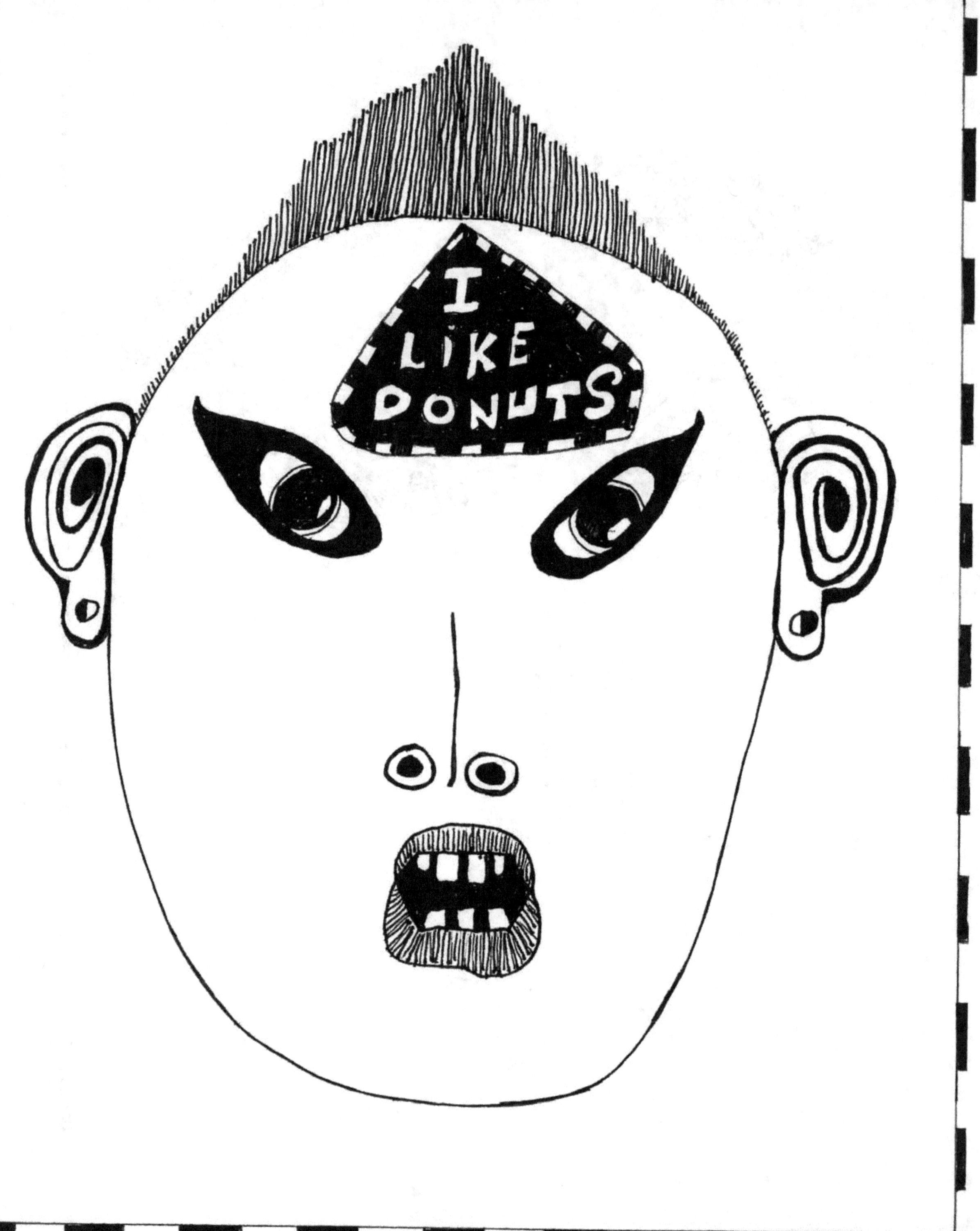
I LIKE DONUTS

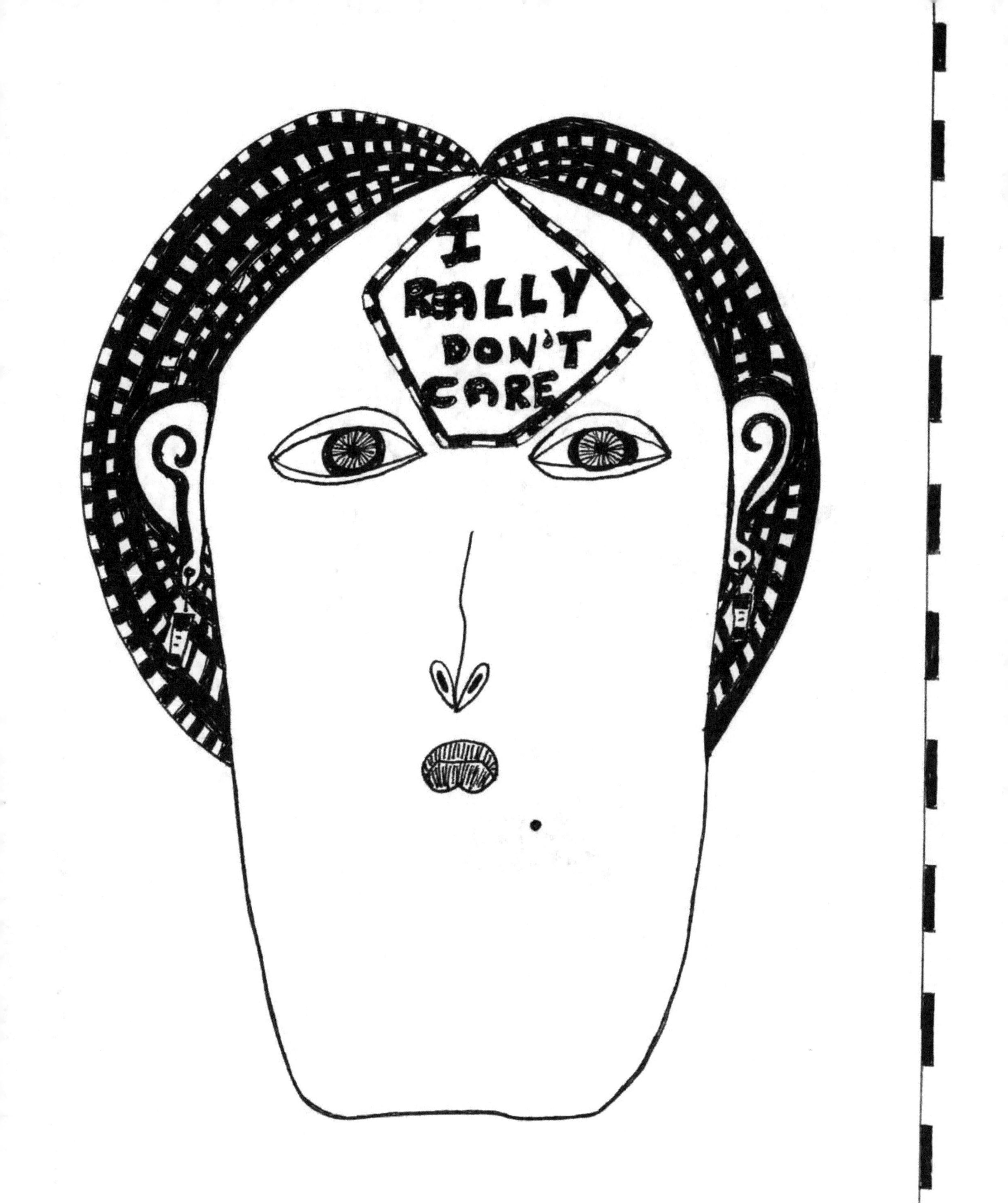
I REALLY DON'T CARE

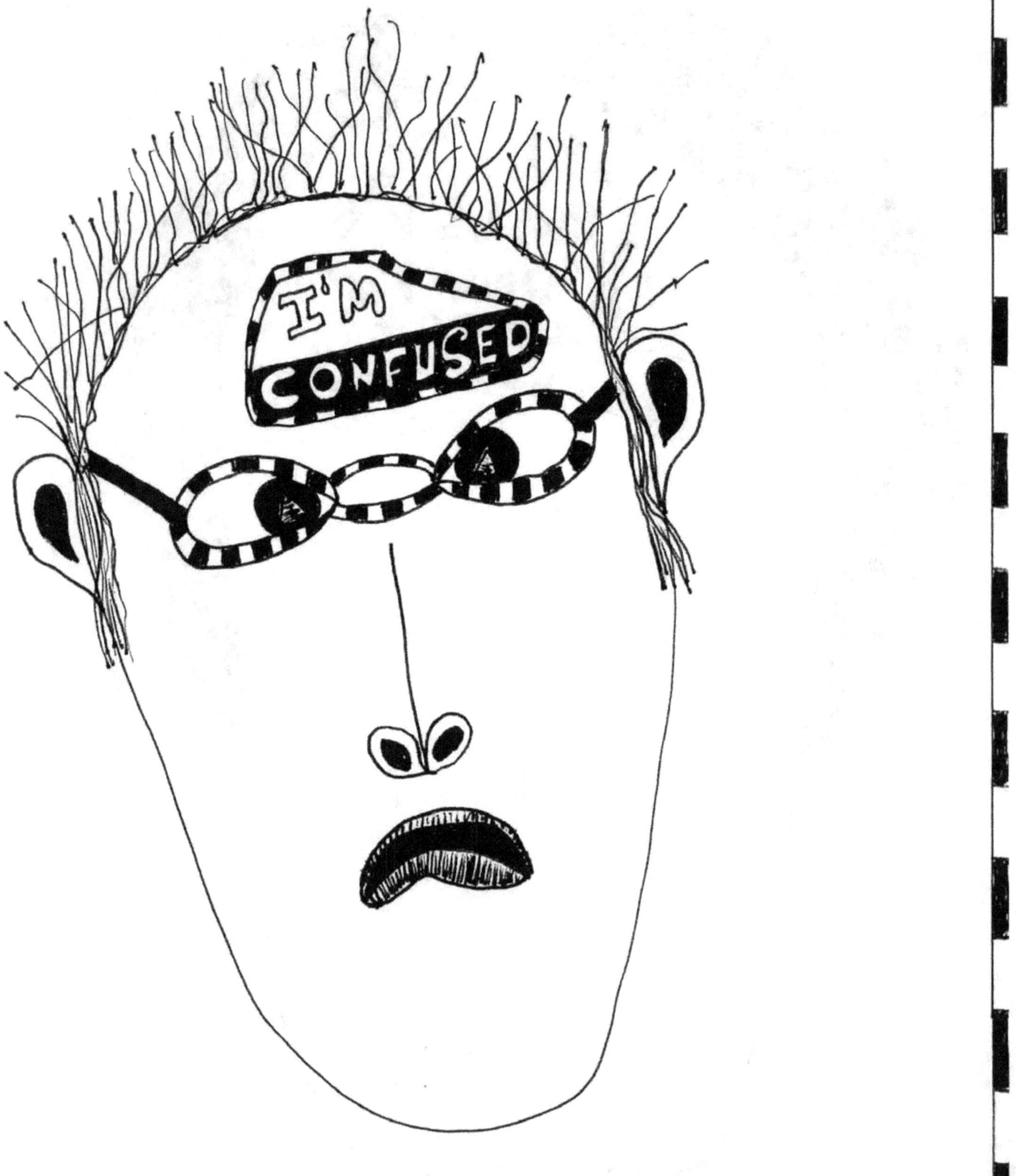
I'M
CONFUSED

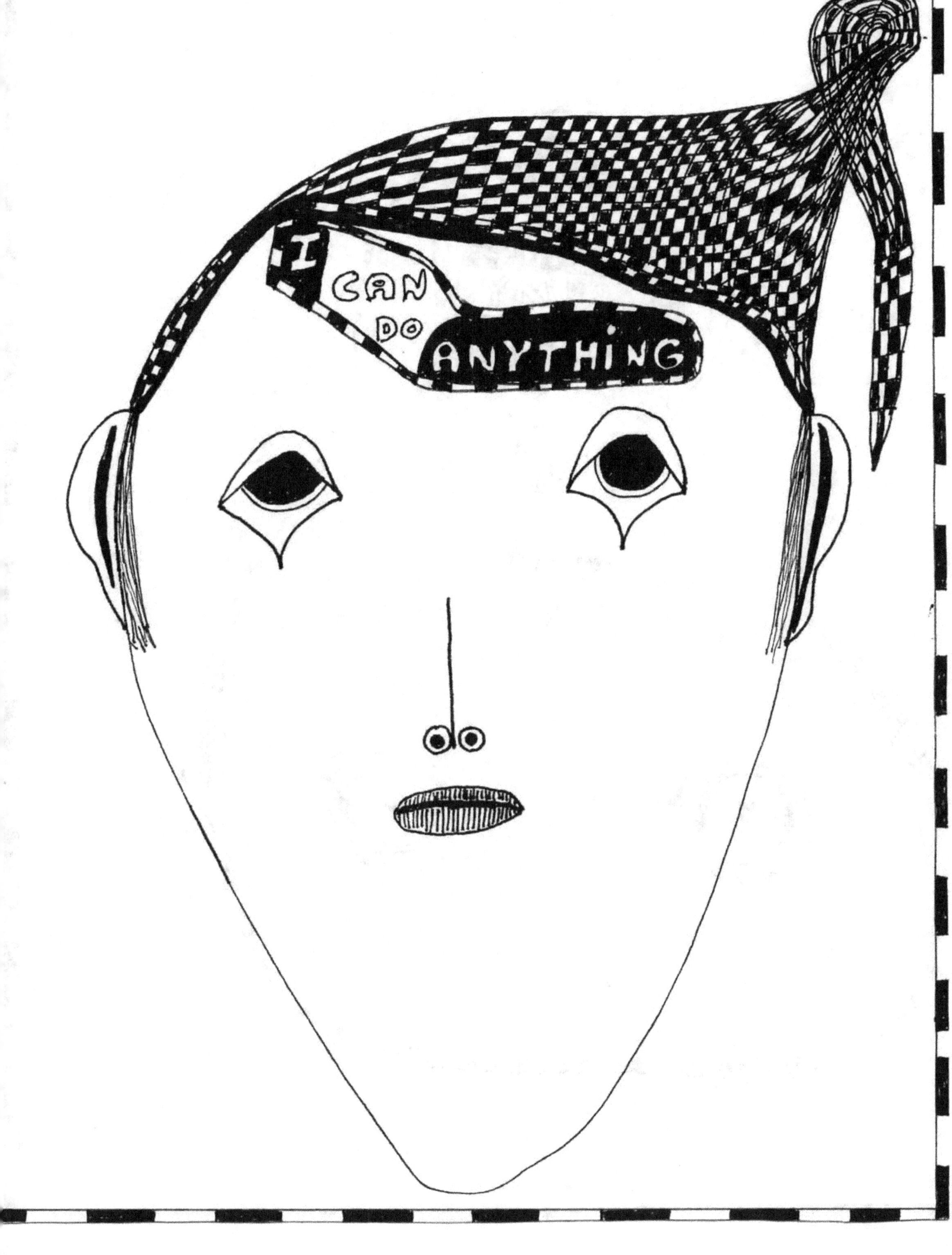
I CAN DO ANYTHING

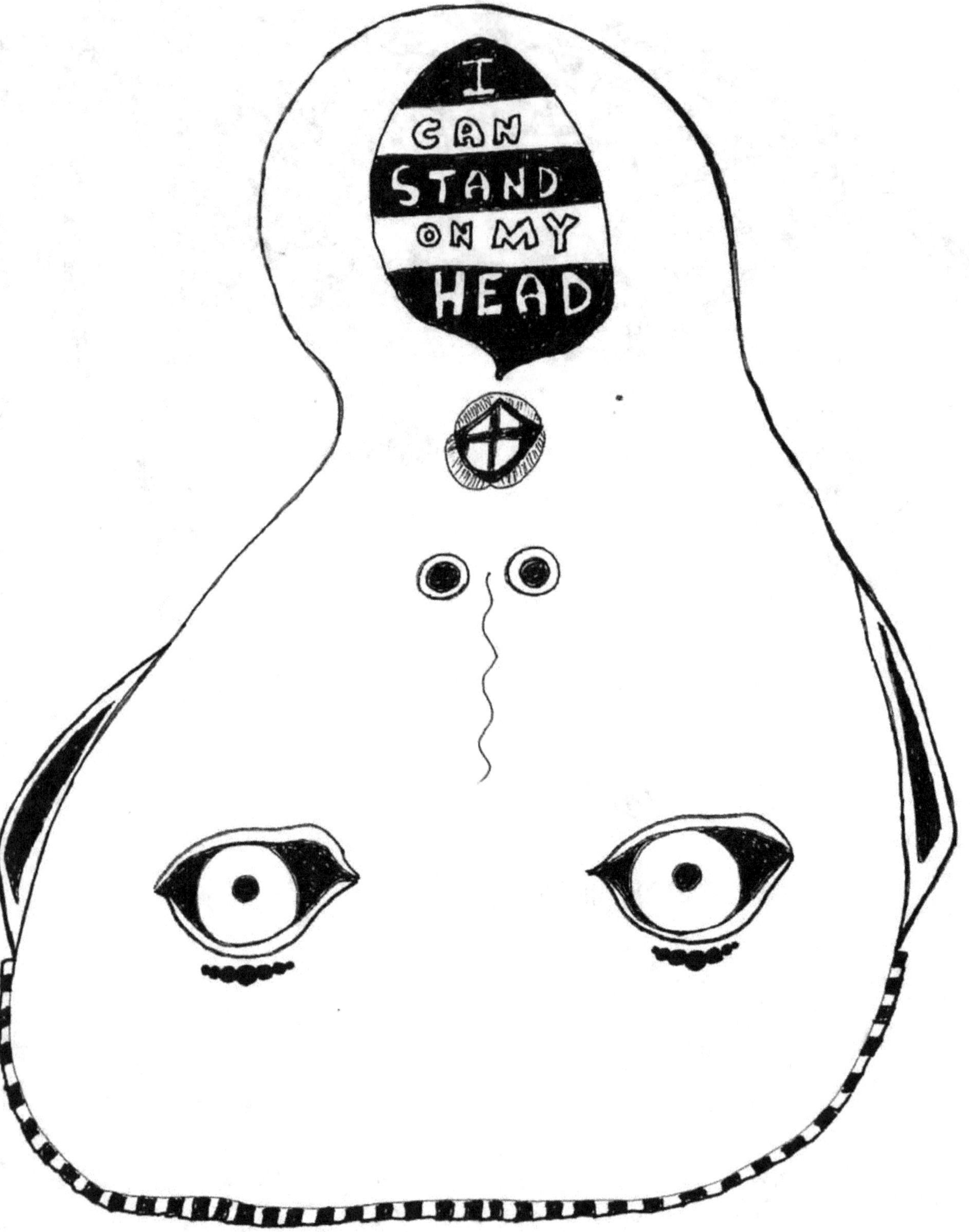
I
CAN
STAND
ON MY
HEAD

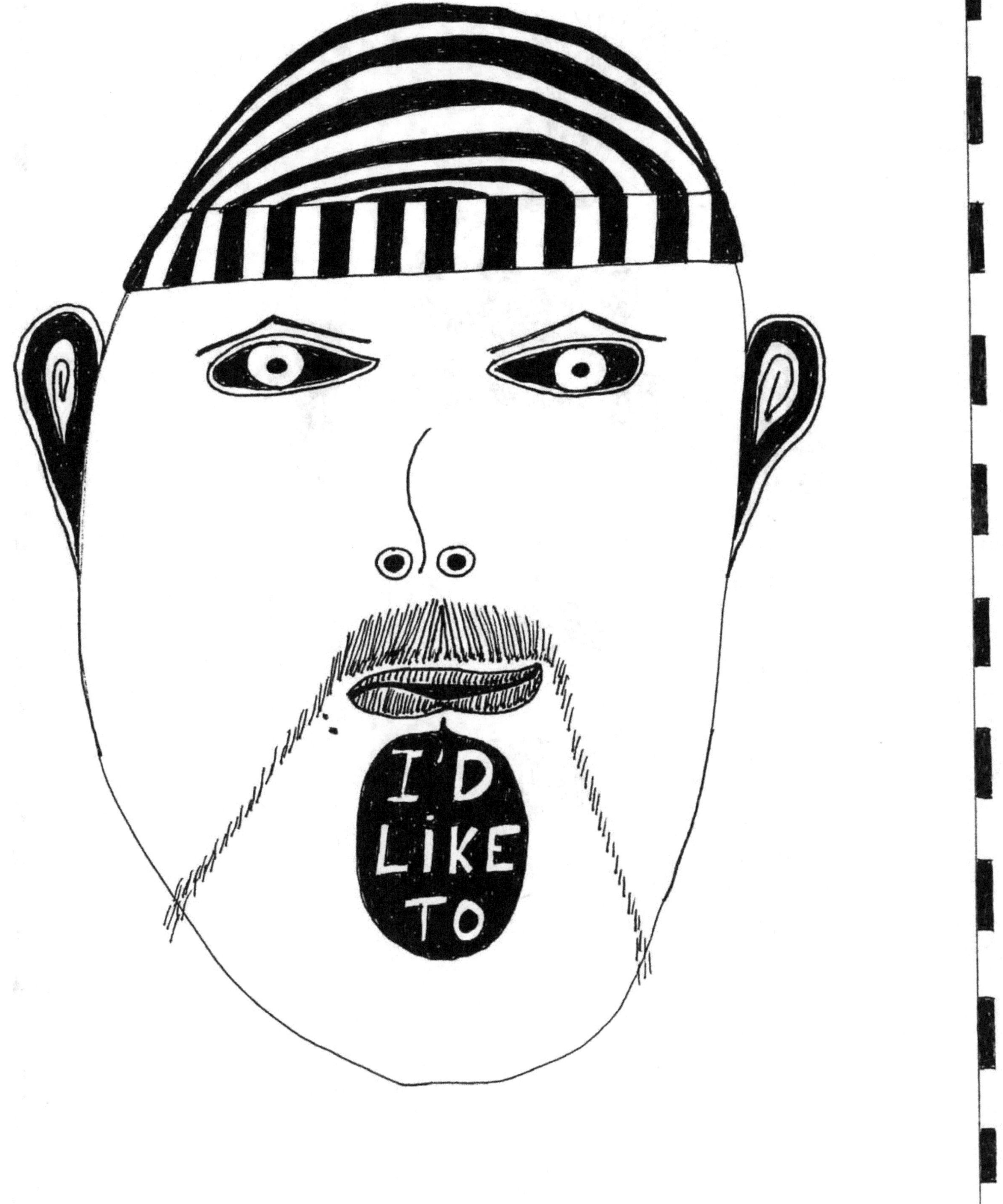
I'D LIKE TO

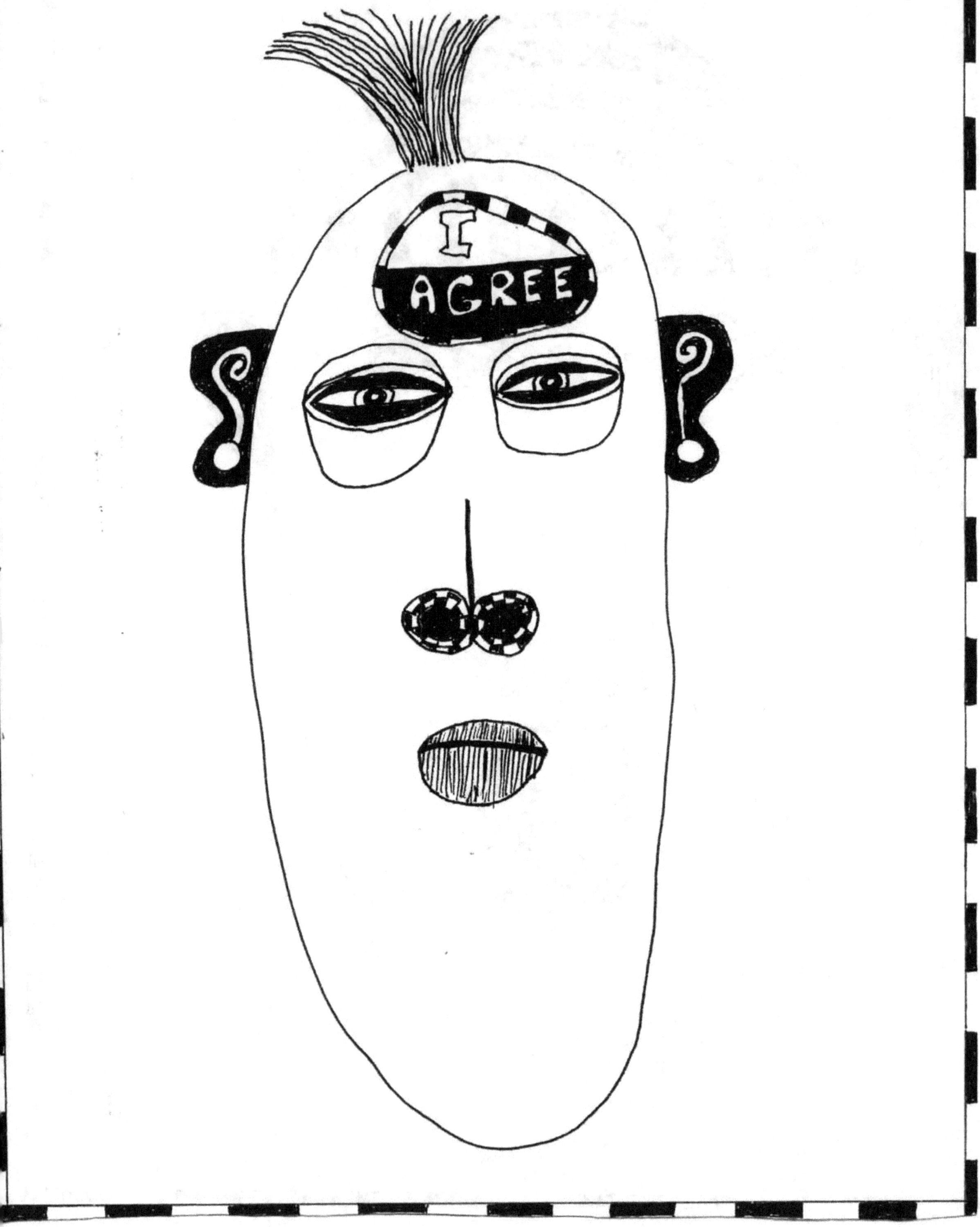
I
AGREE

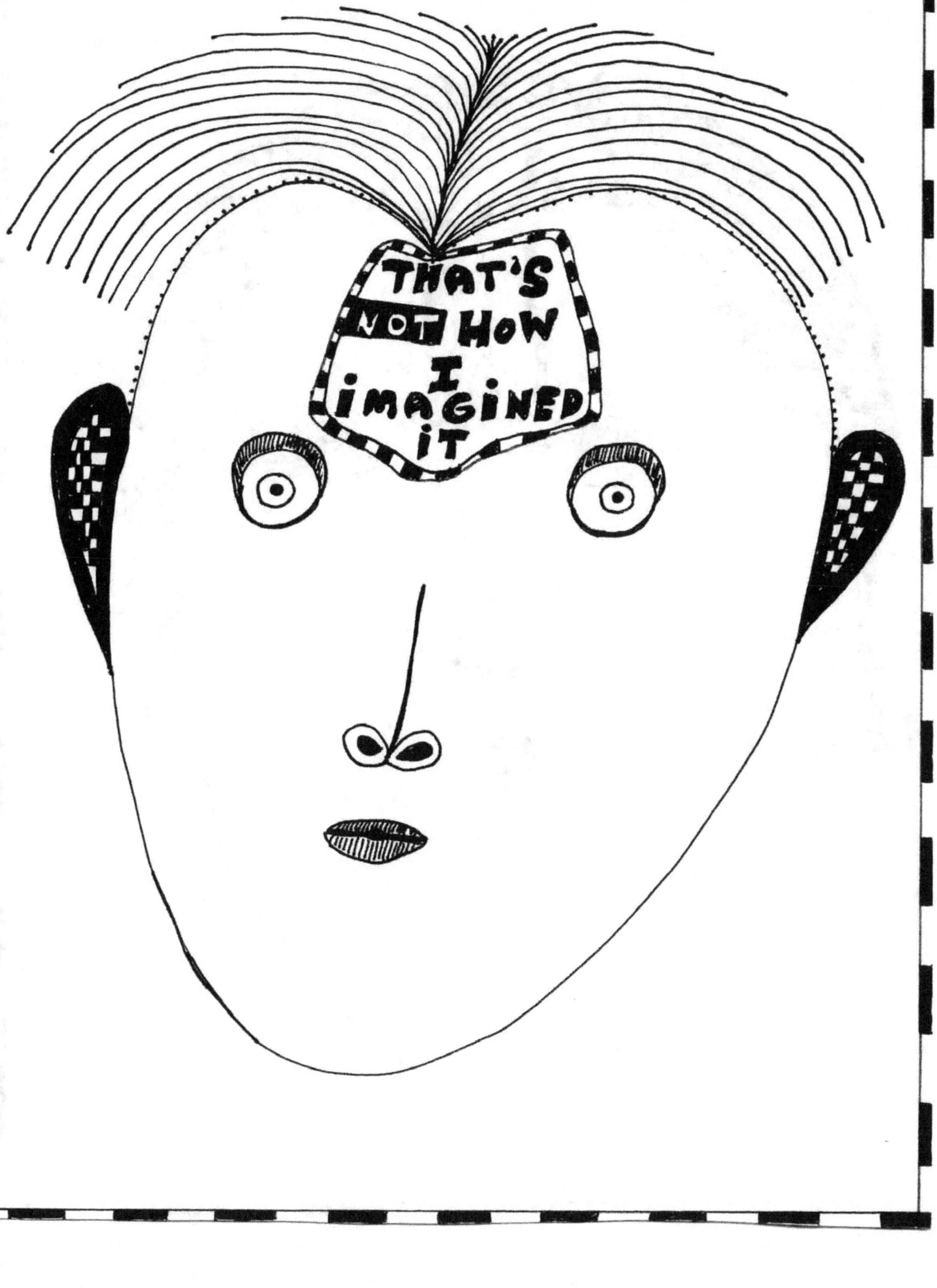
THAT'S
NOT HOW
I
imAGINED
iT

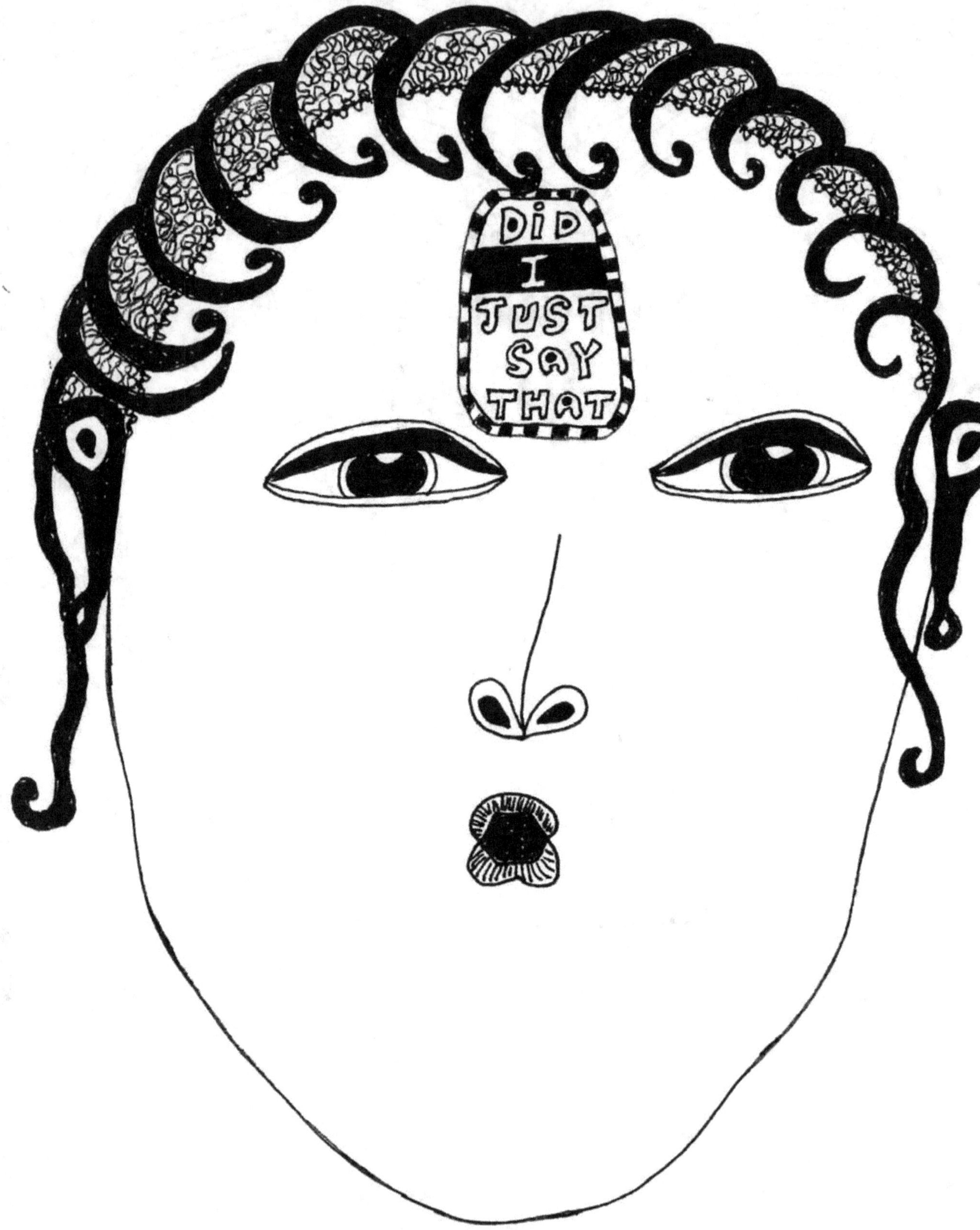
DID I JUST SAY THAT

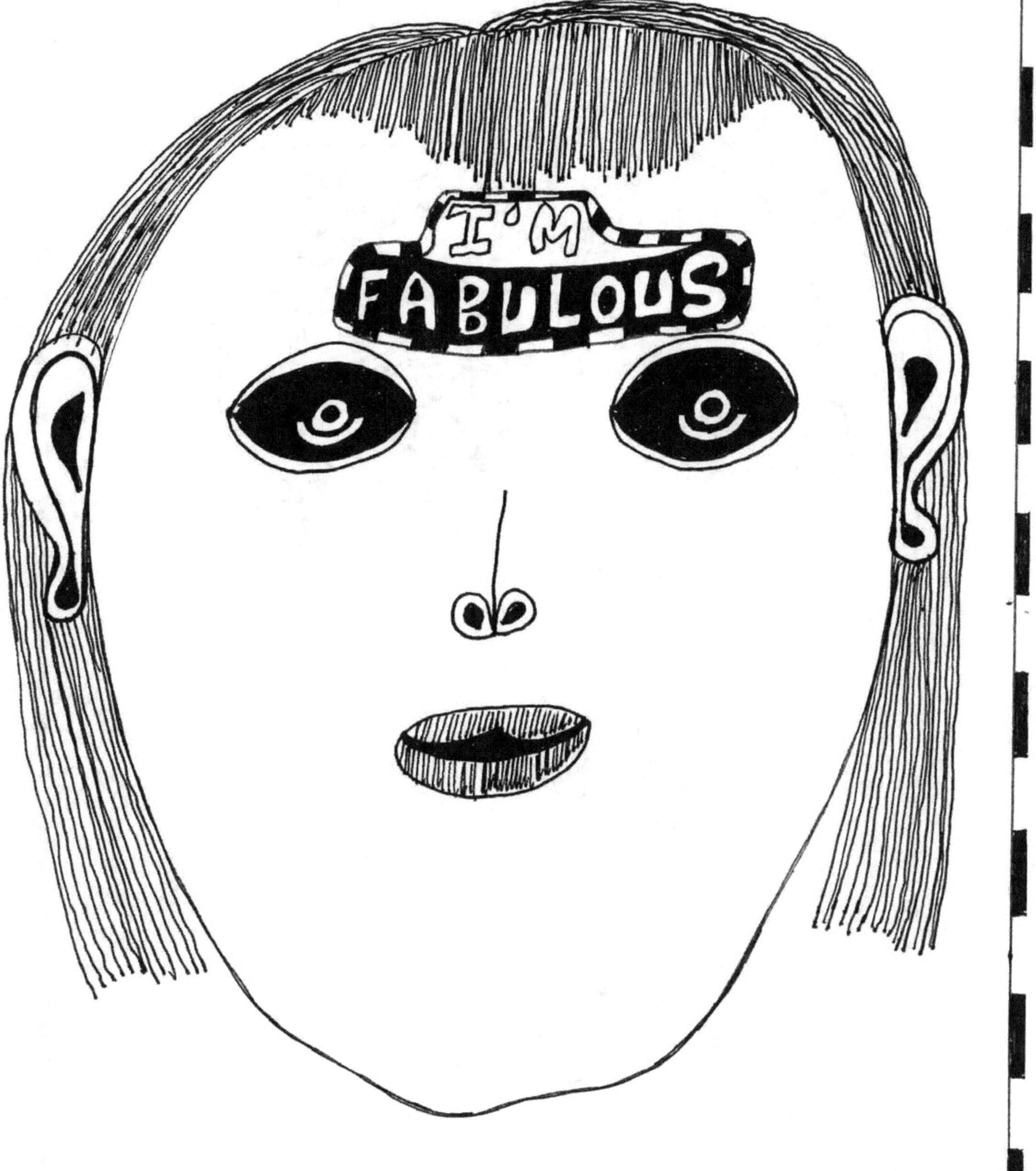
I'M
FABULOUS

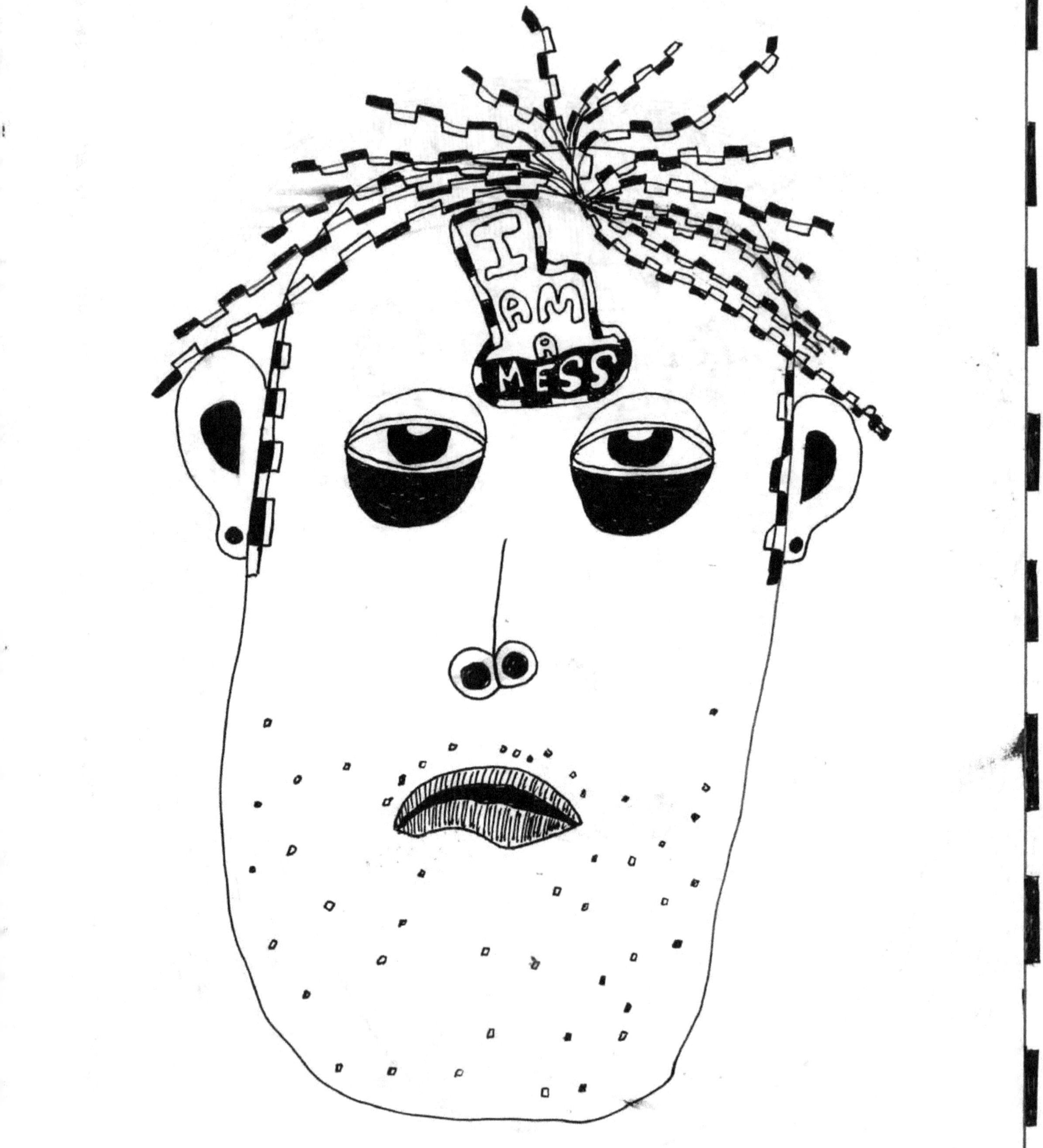
I AM A MESS

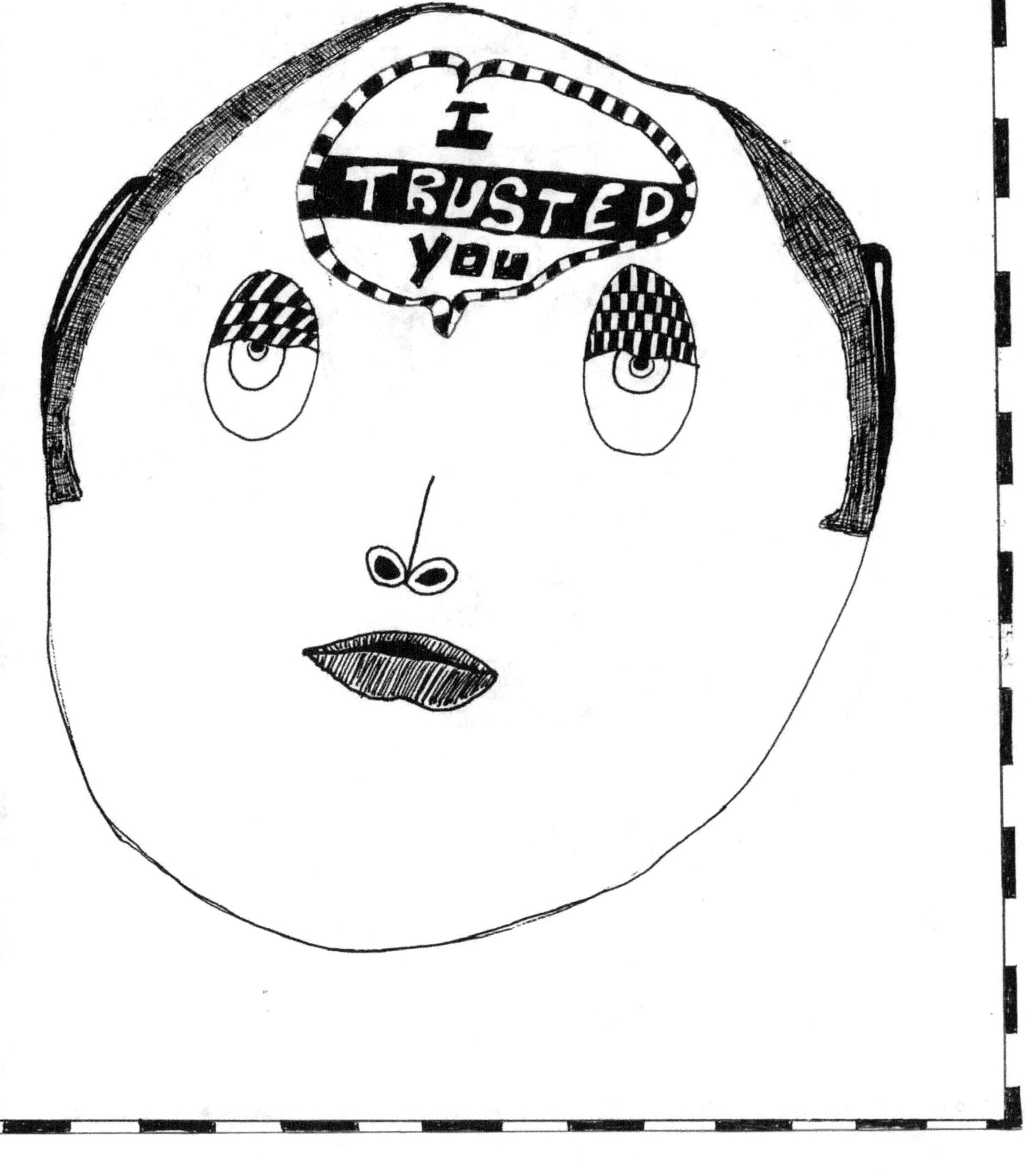
I TRUSTED you

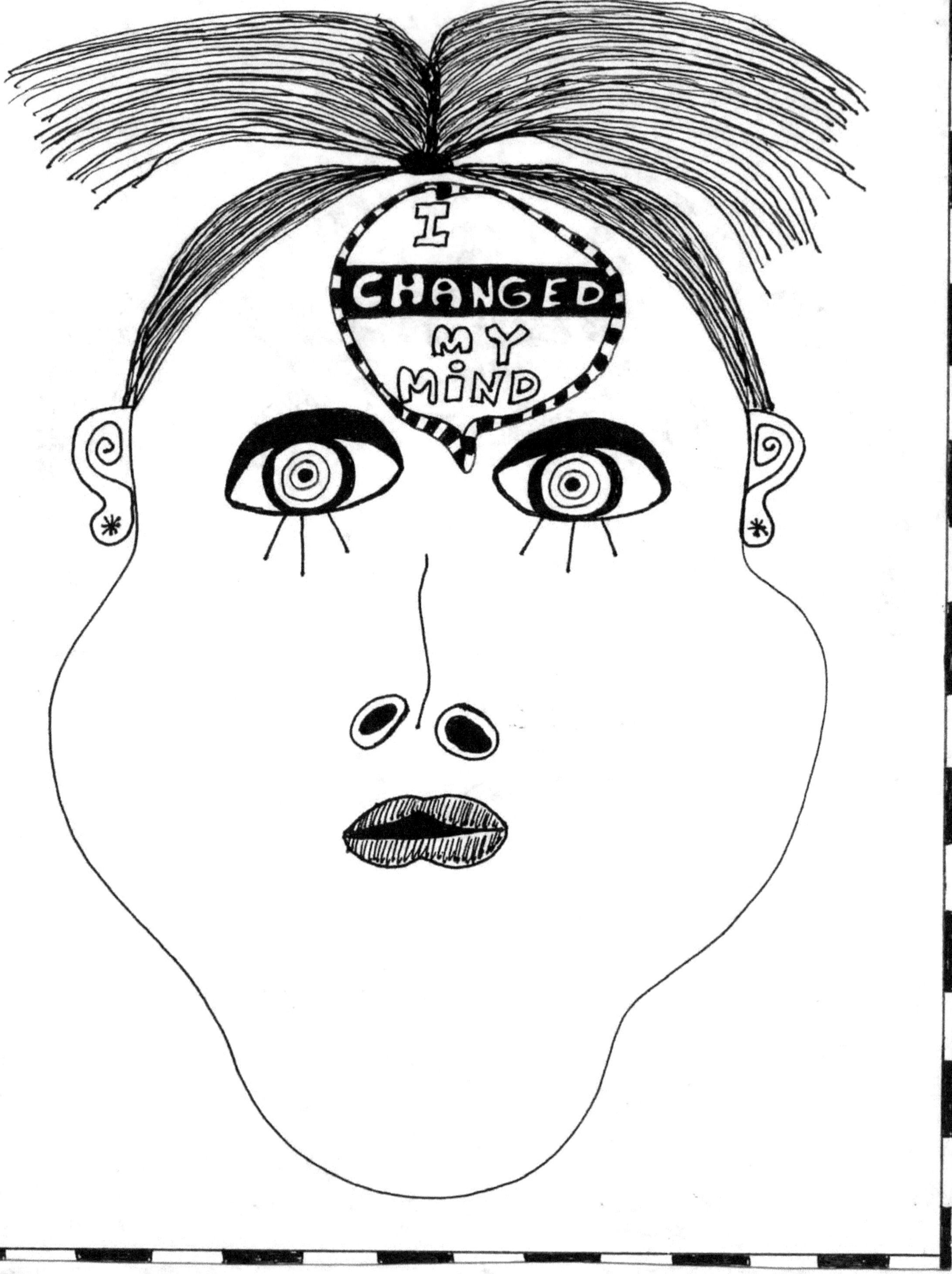
I
CHANGED
MY
MIND

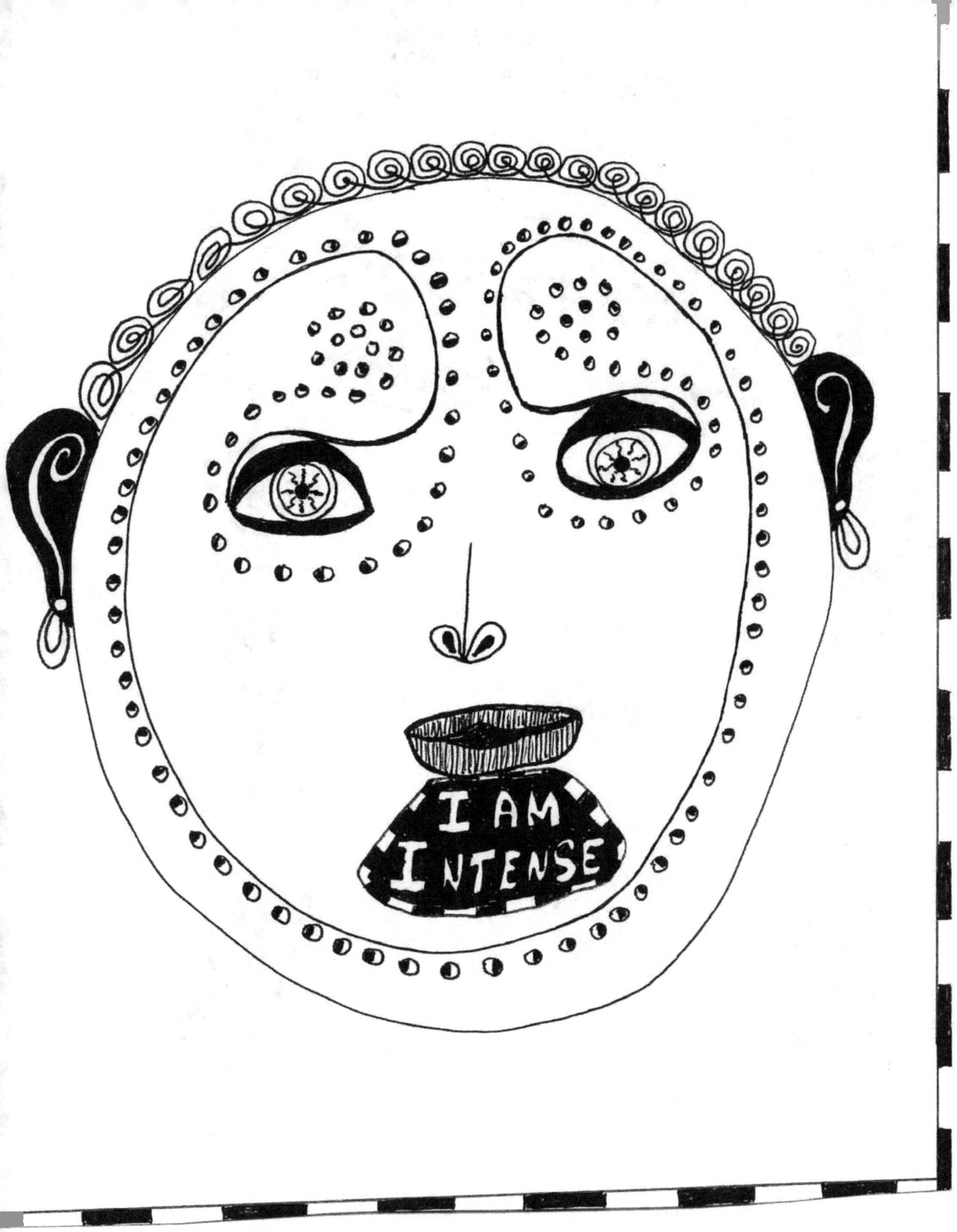
I AM
INTENSE

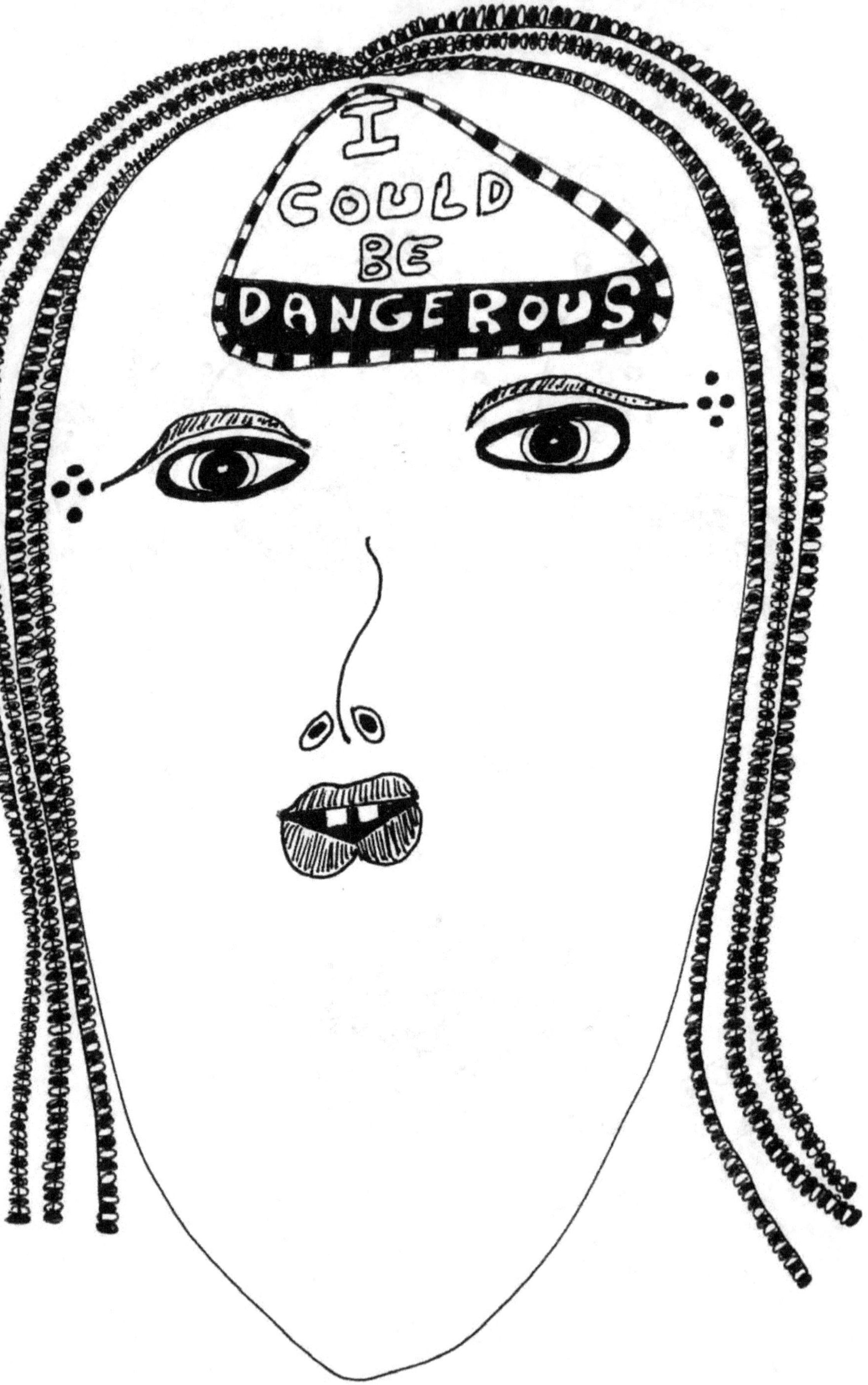
I COULD BE DANGEROUS

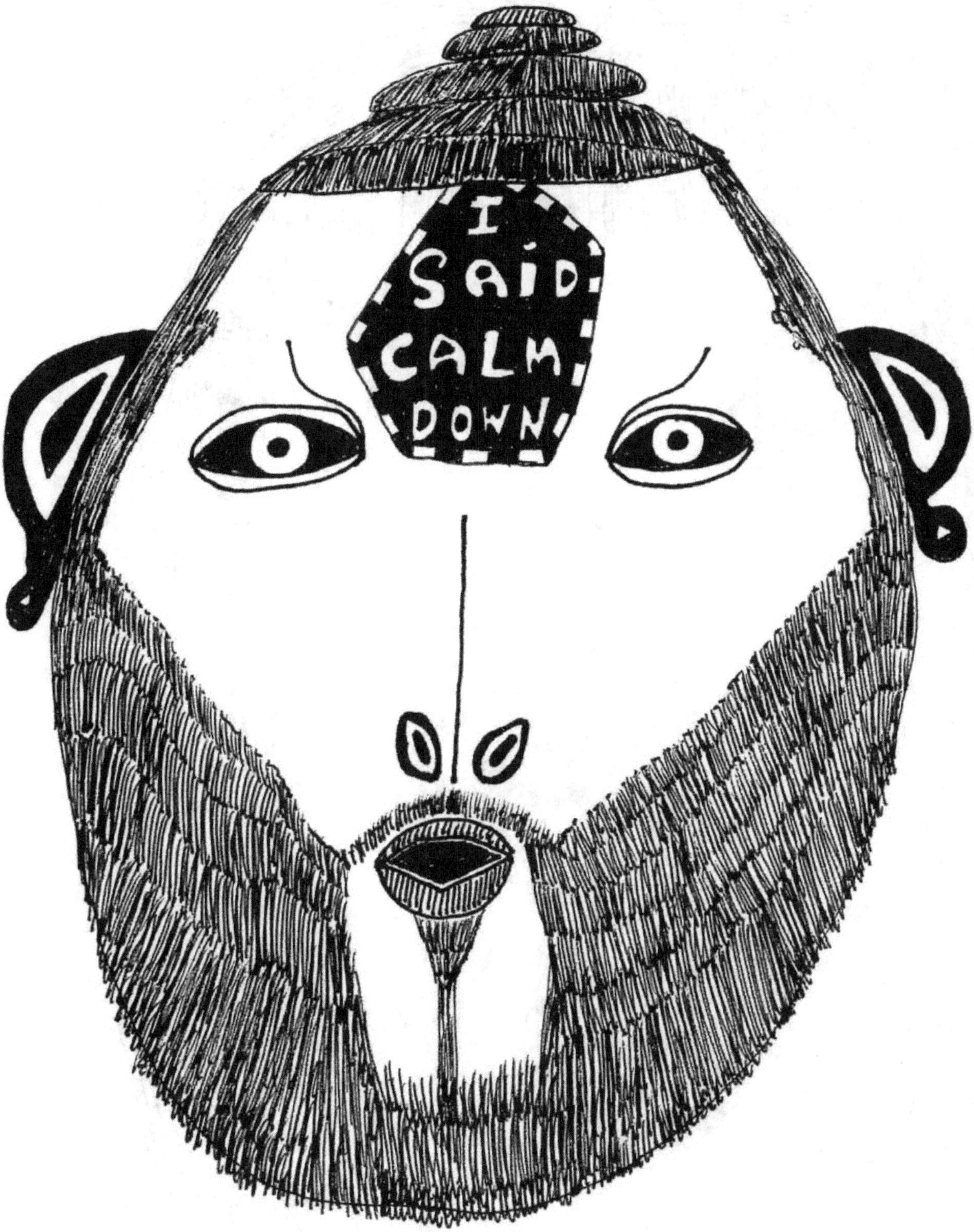
I SAID CALM DOWN

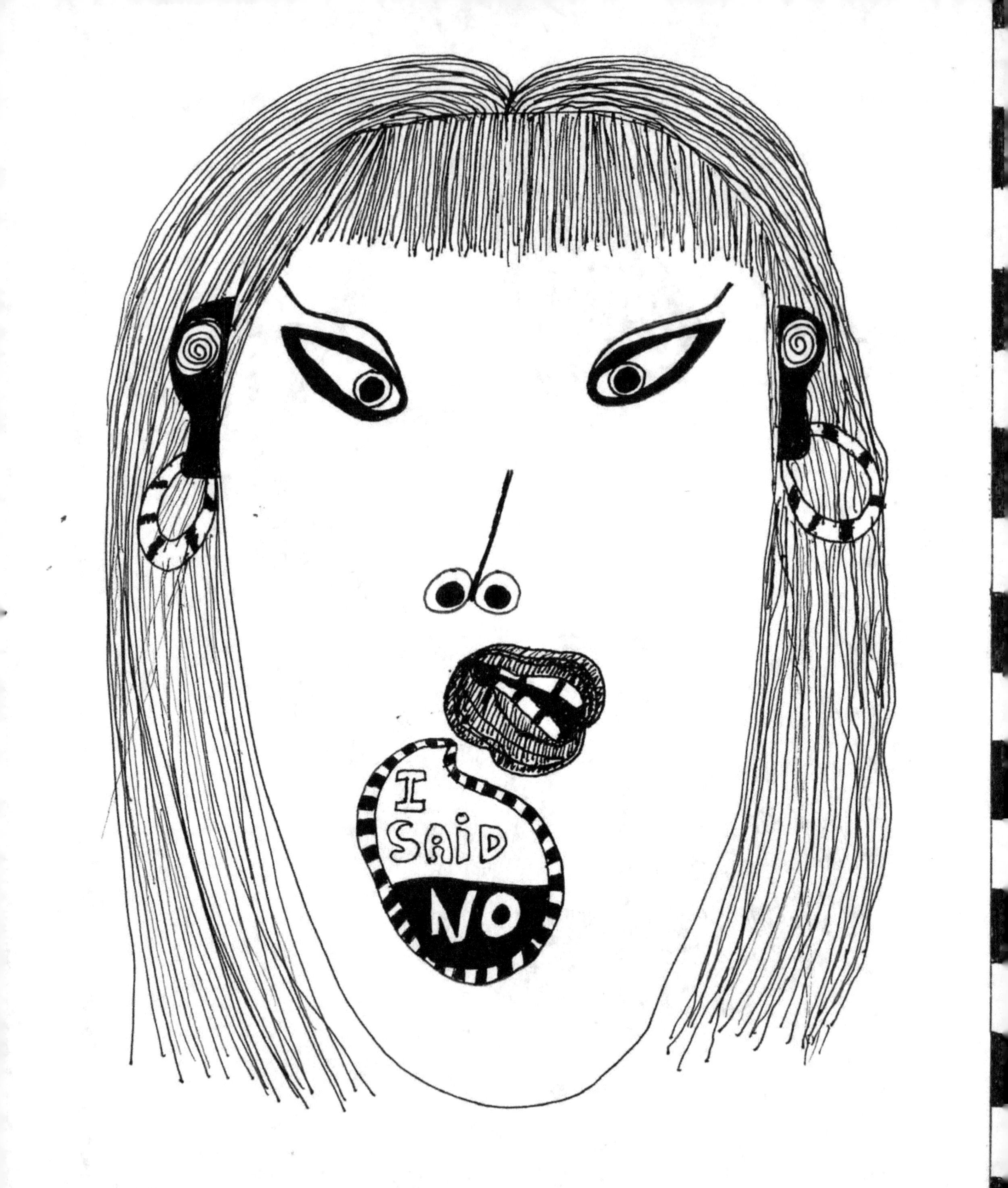
I SAID NO

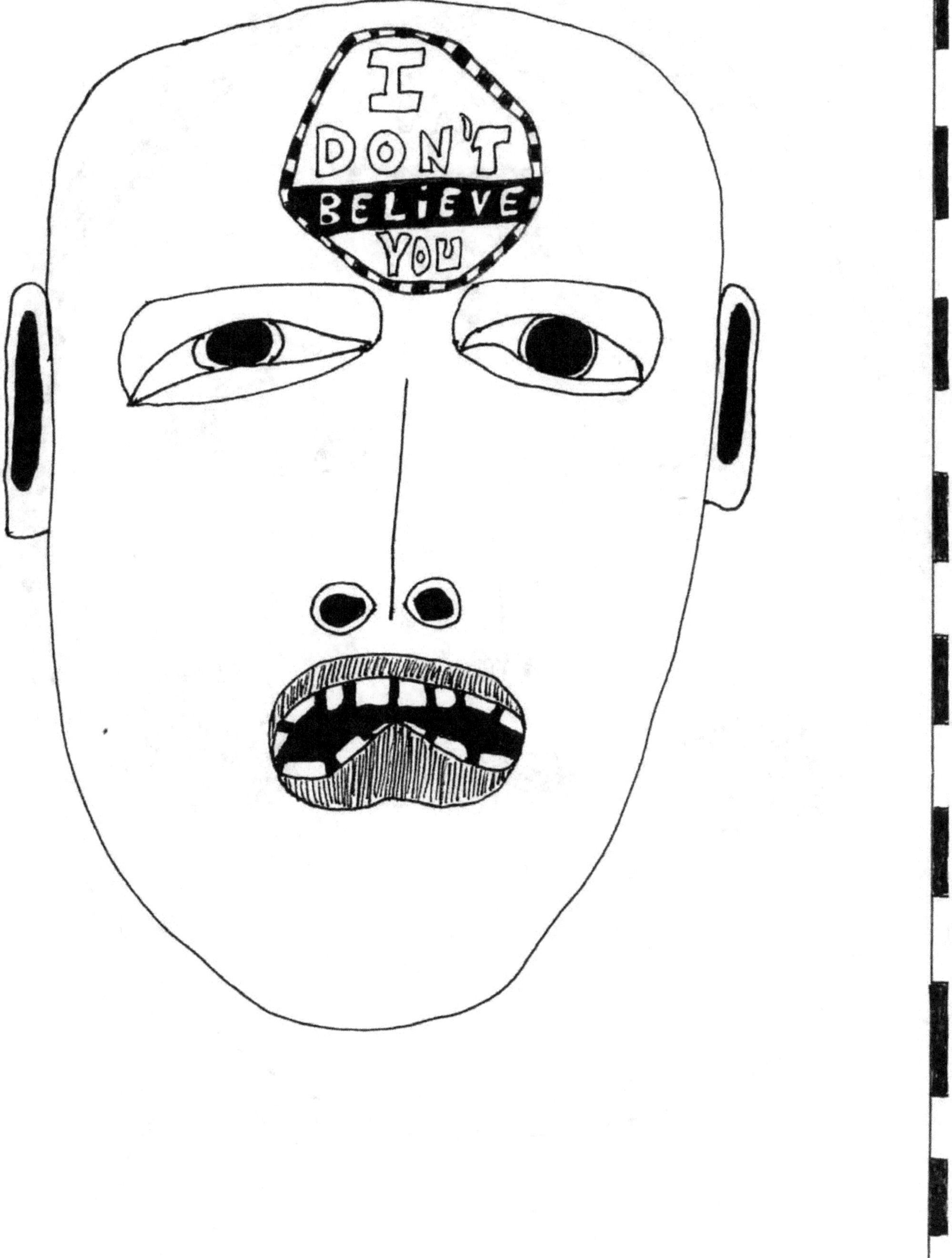
I
DON'T
BELIEVE
YOU

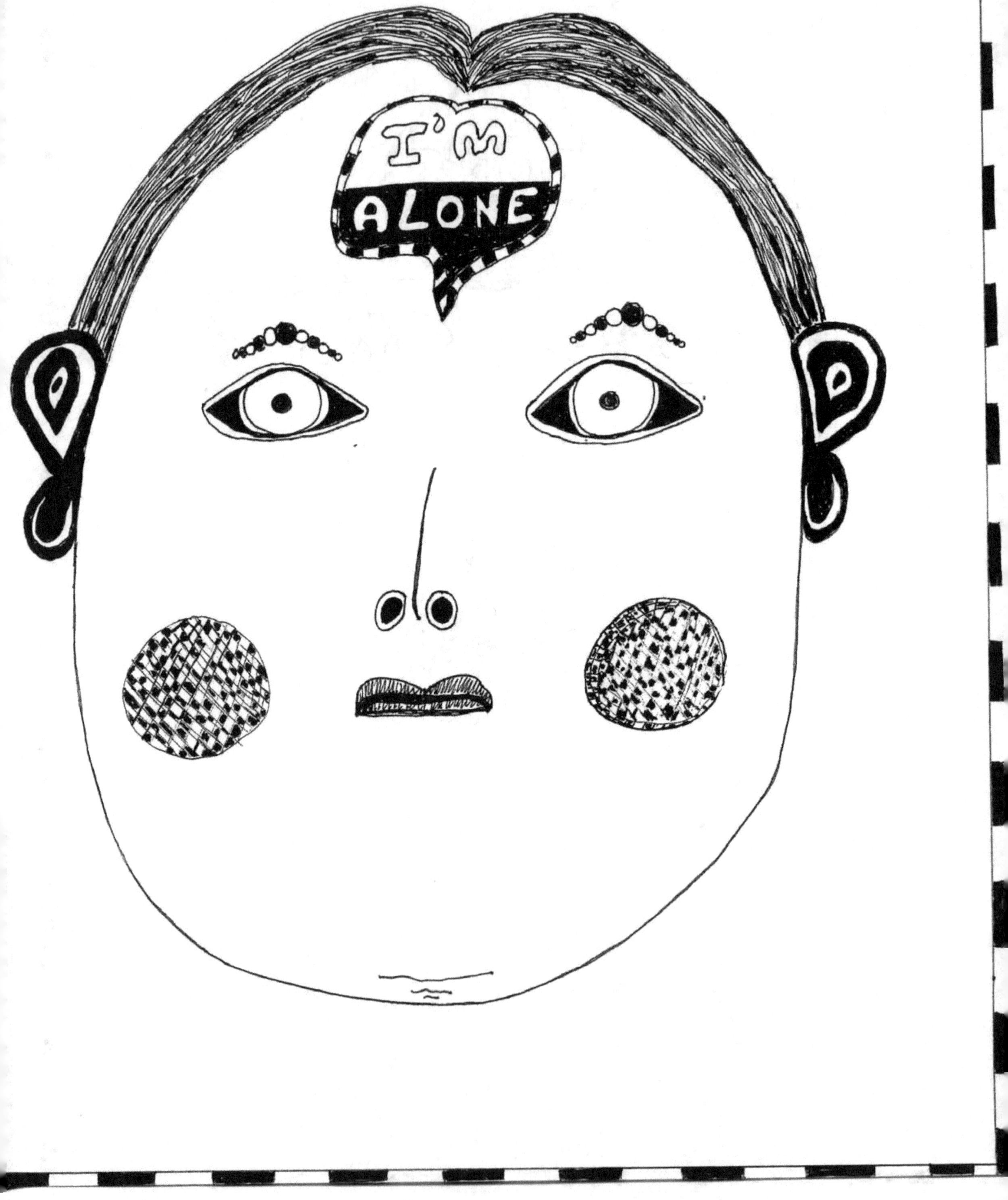
I'M
ALONE

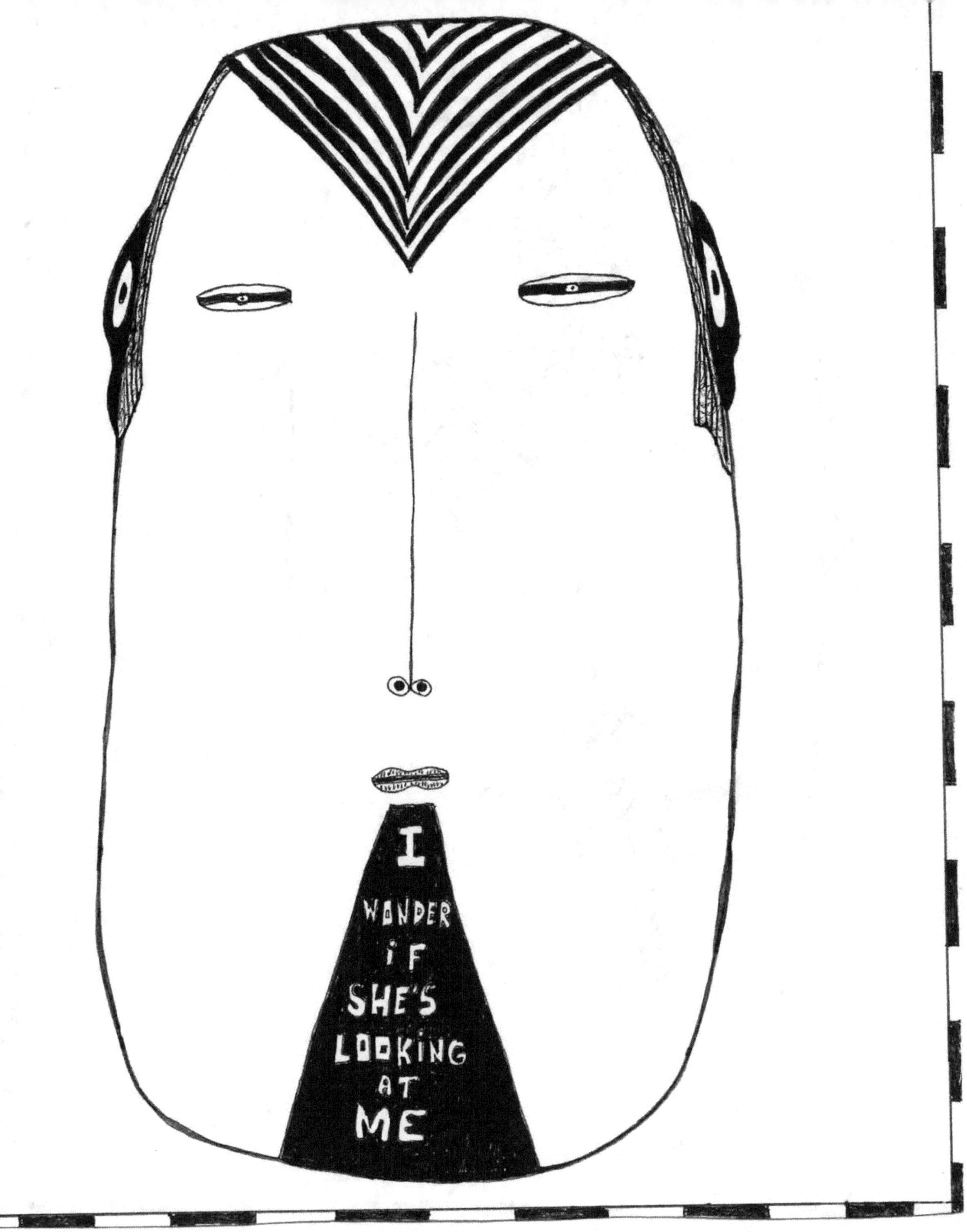
I
WONDER
IF
SHE'S
LOOKING
AT
ME

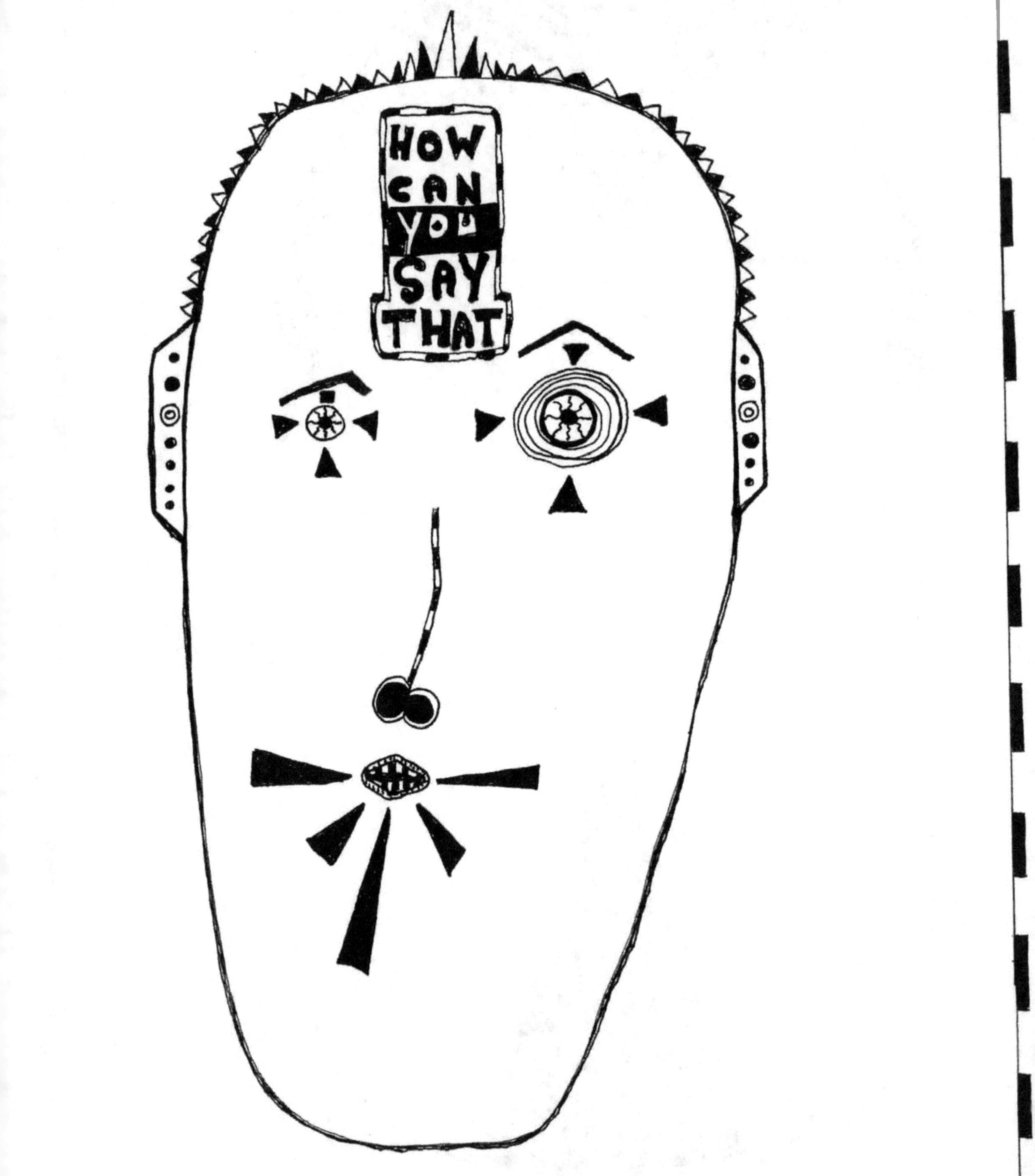
HOW CAN YOU SAY THAT

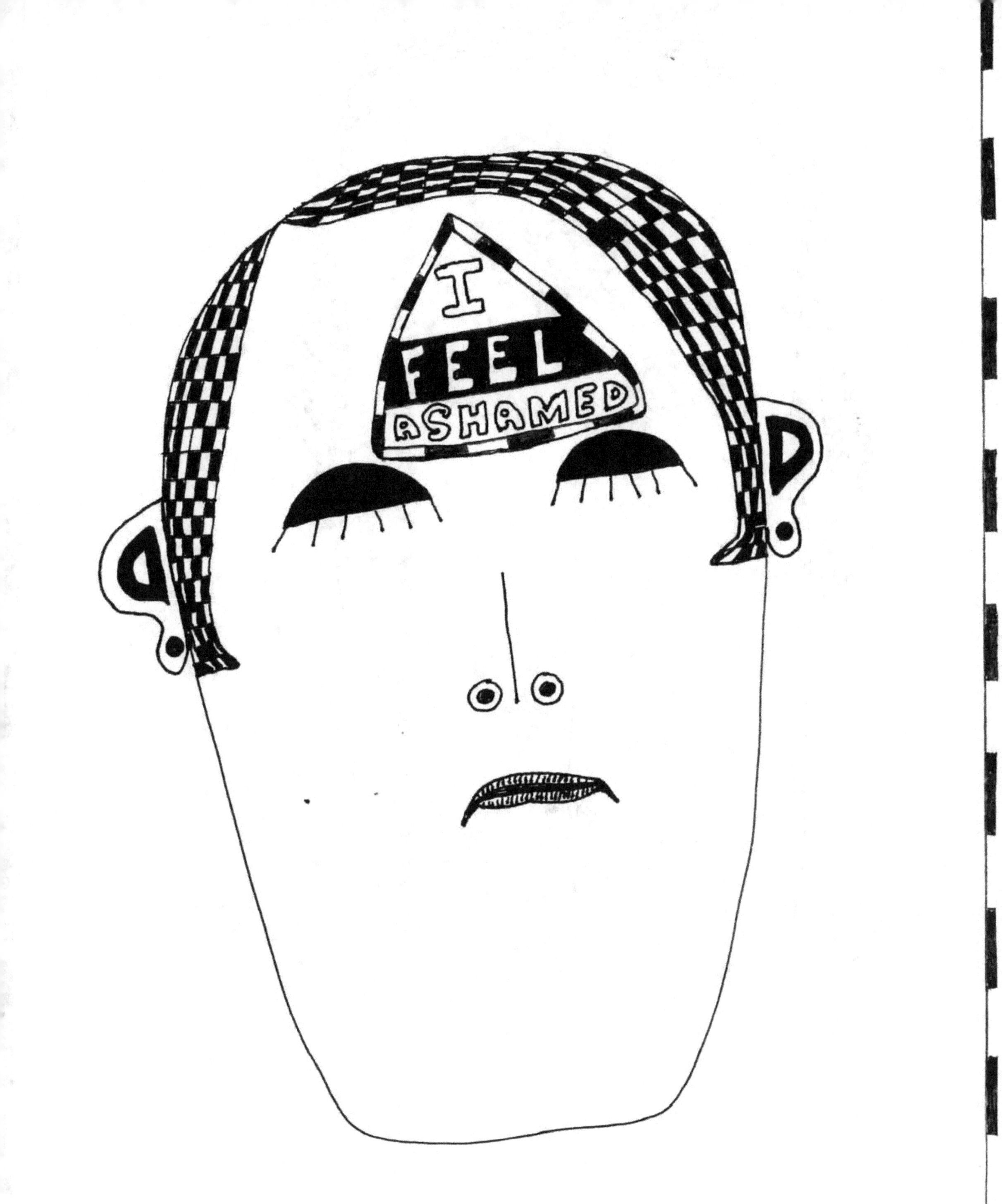
I
FEEL
ASHAMED

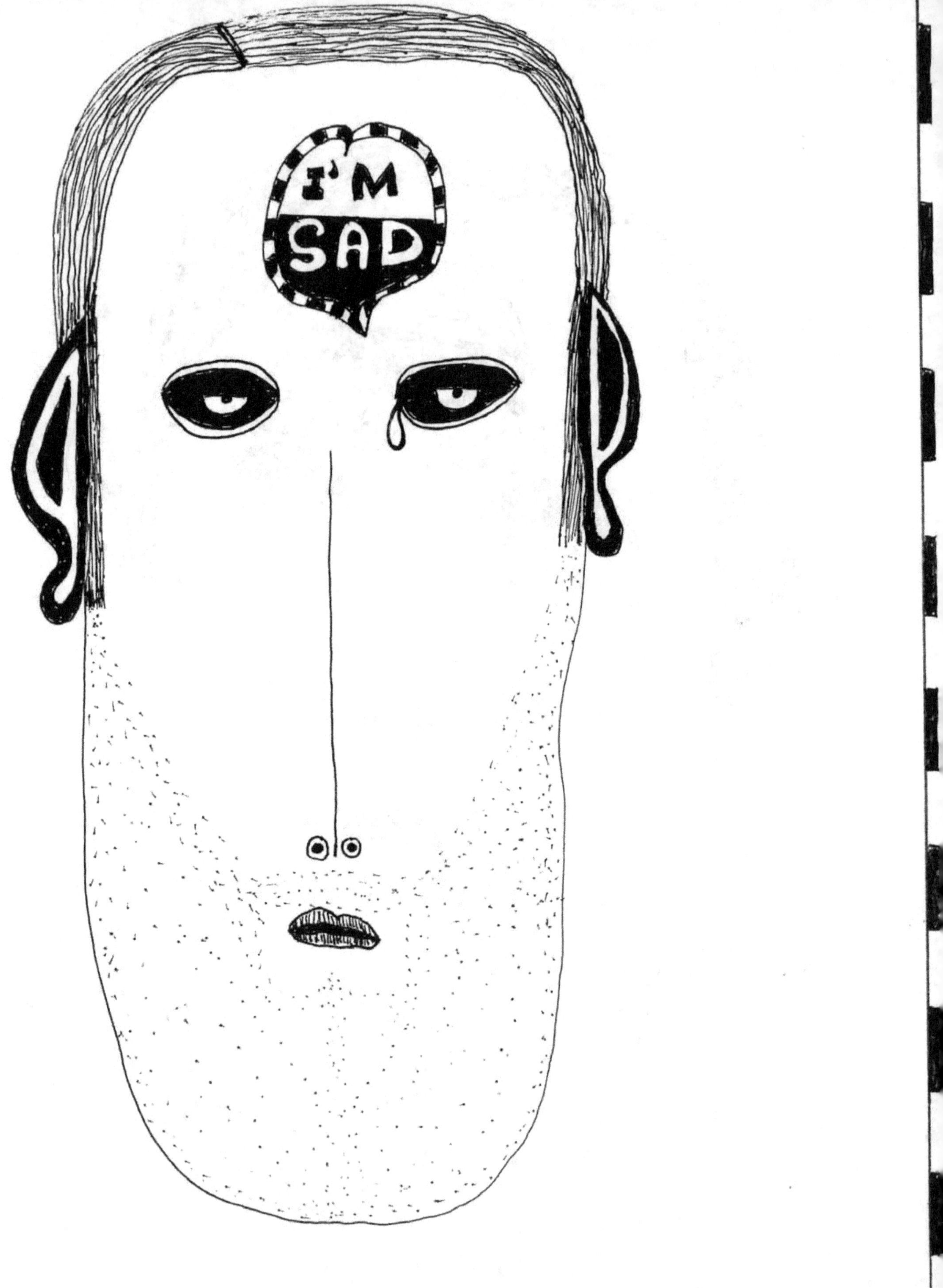
I'M
SAD

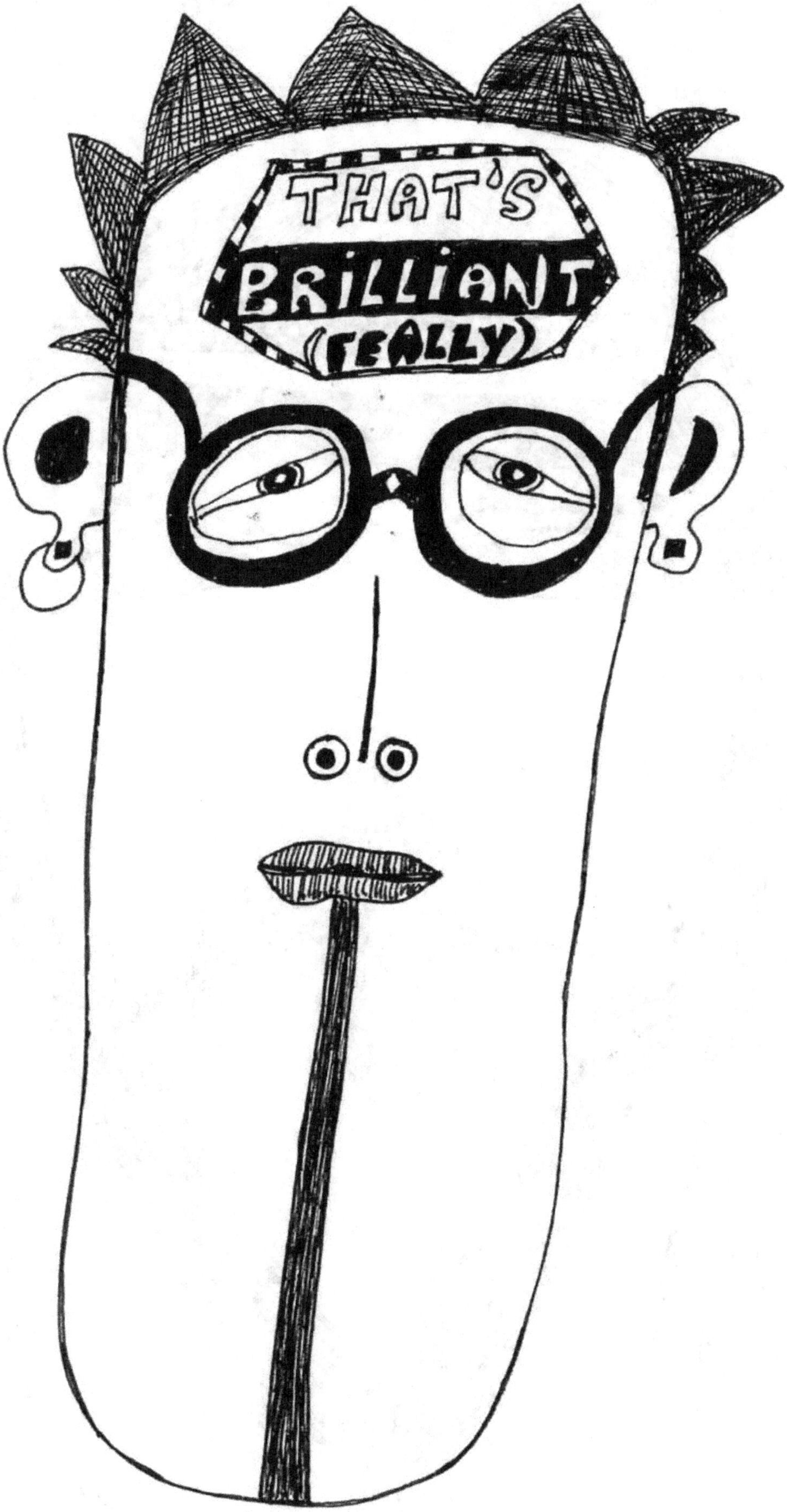
THAT'S
BRILLIANT
(really)

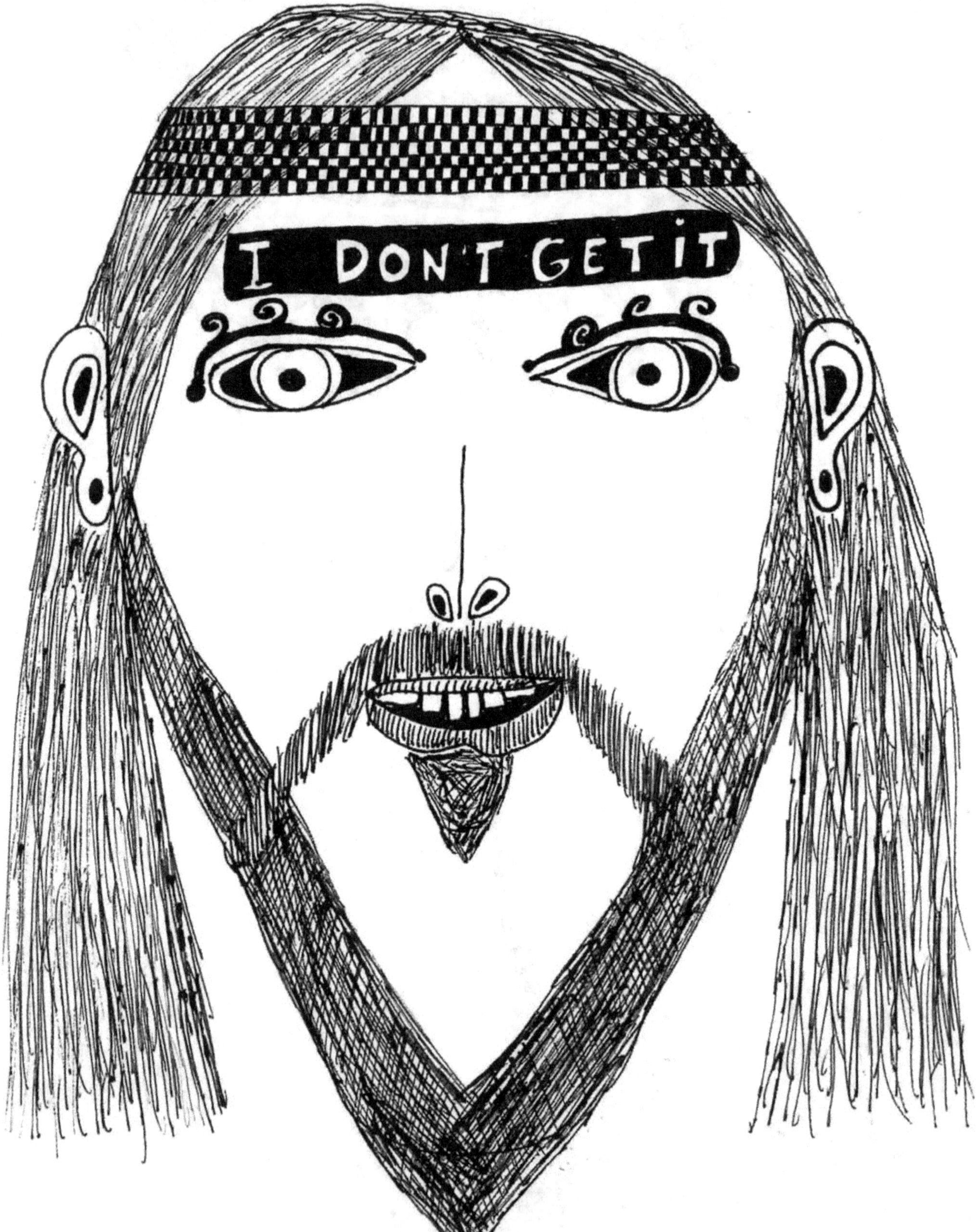
I DON'T GET IT

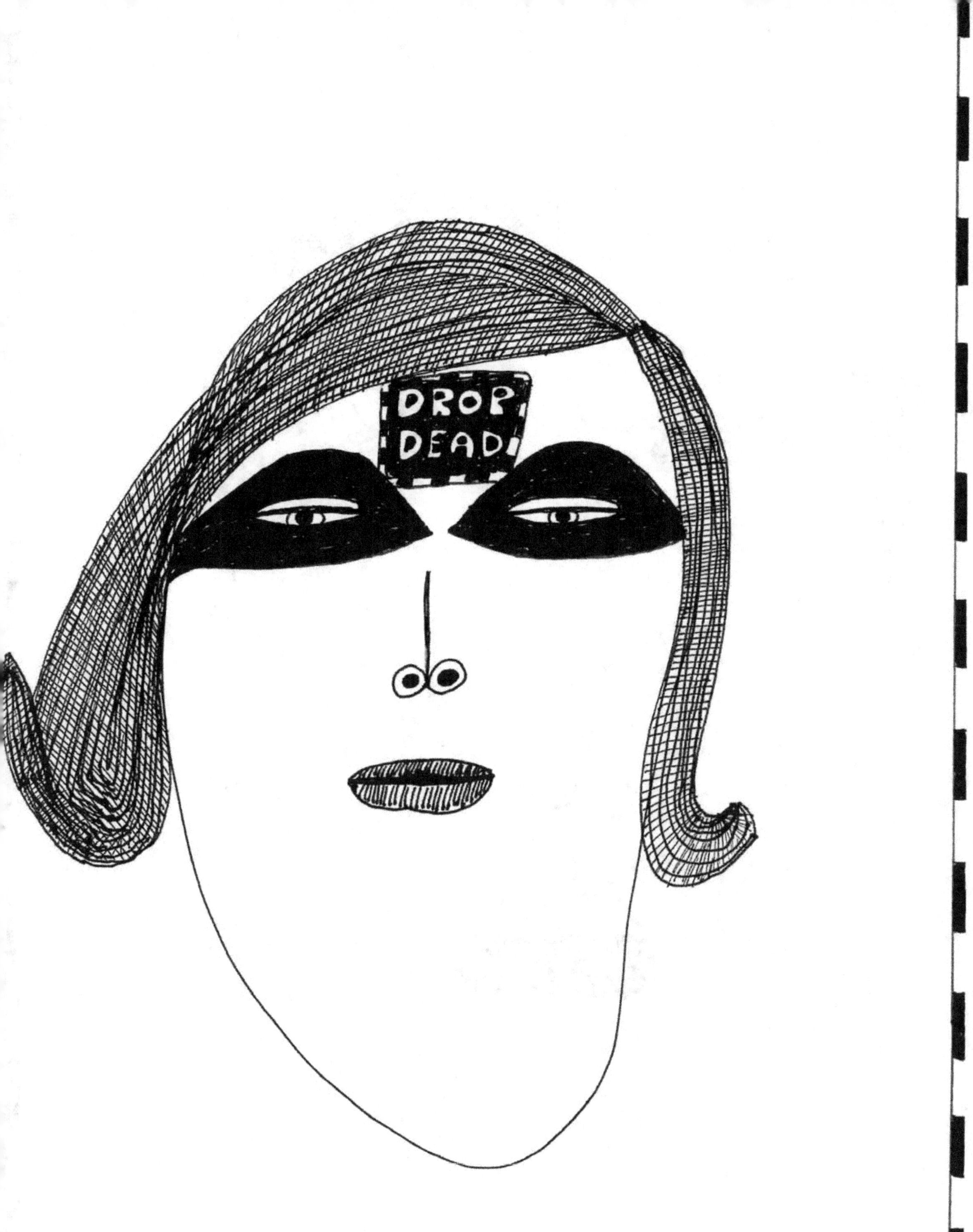
DROP
DEAD

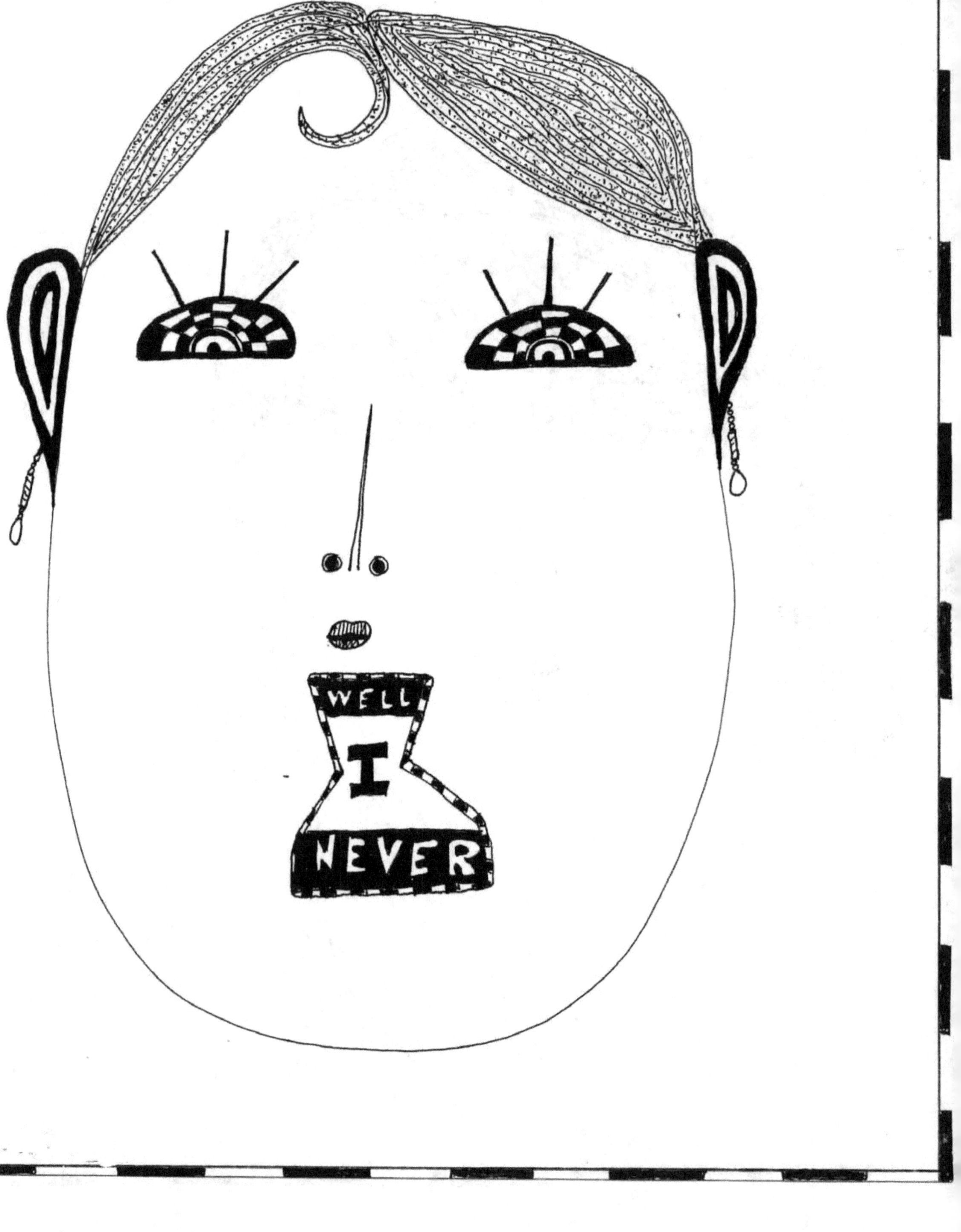
WELL
I
NEVER

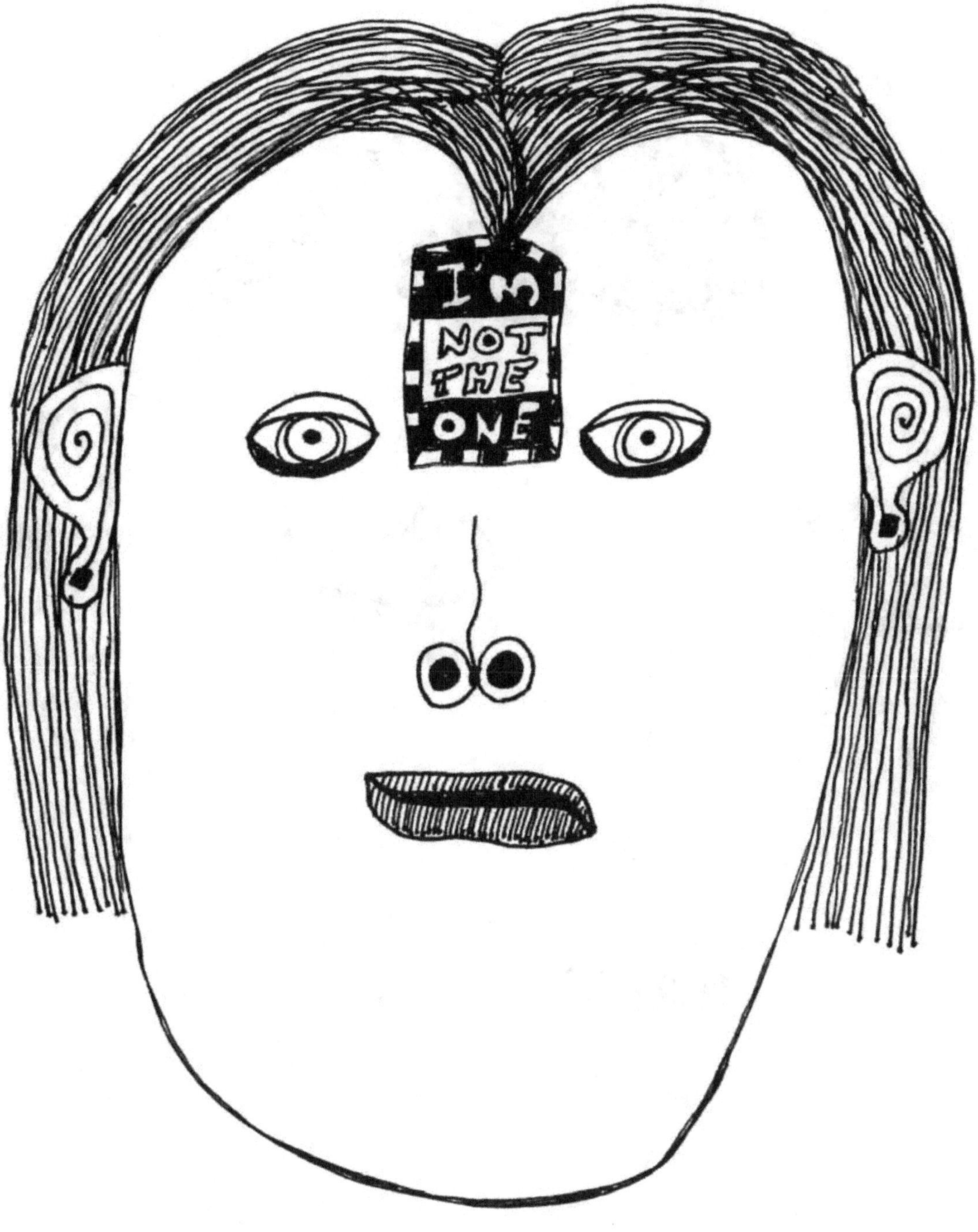
I'M
NOT
THE
ONE

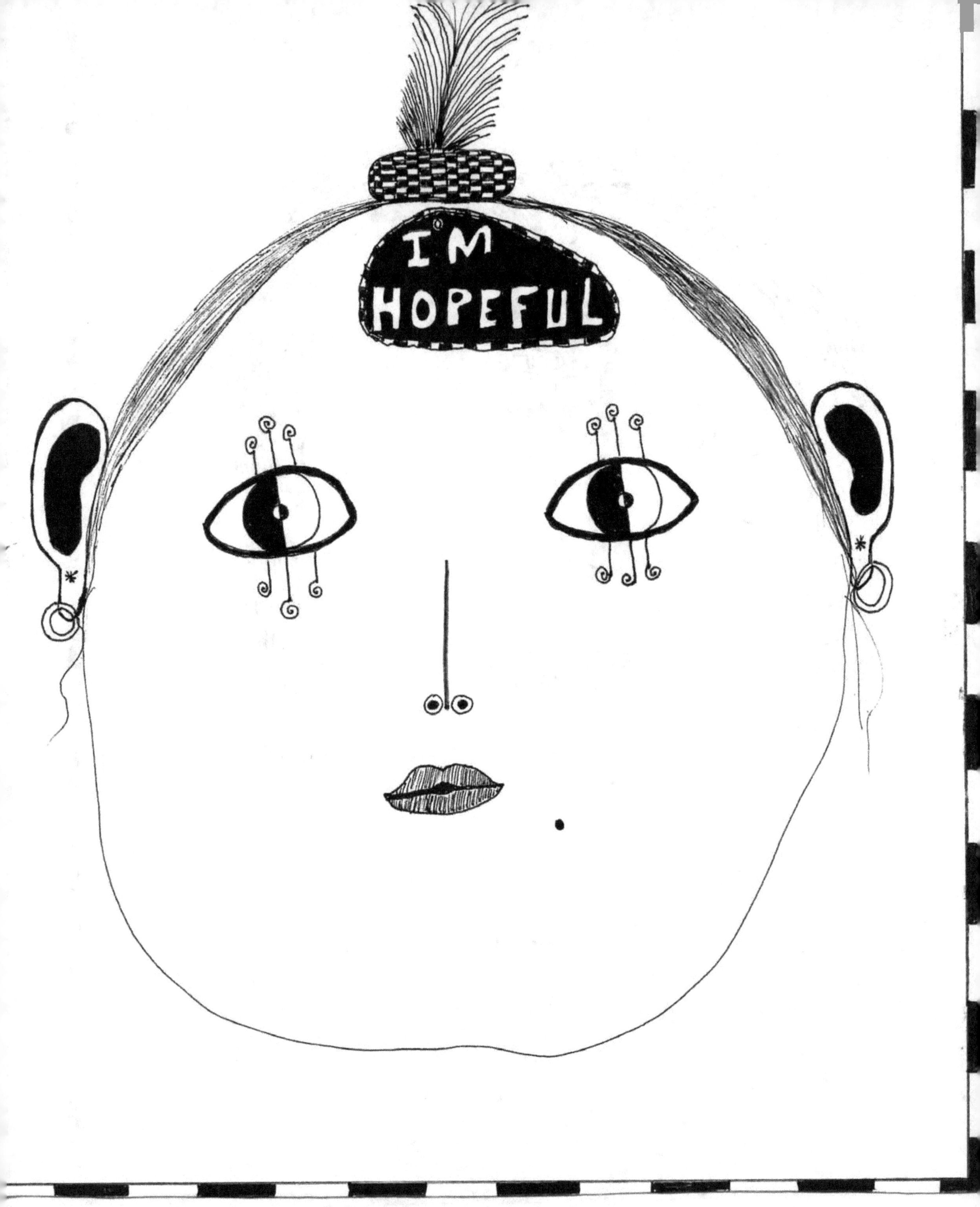
I'M
HOPEFUL

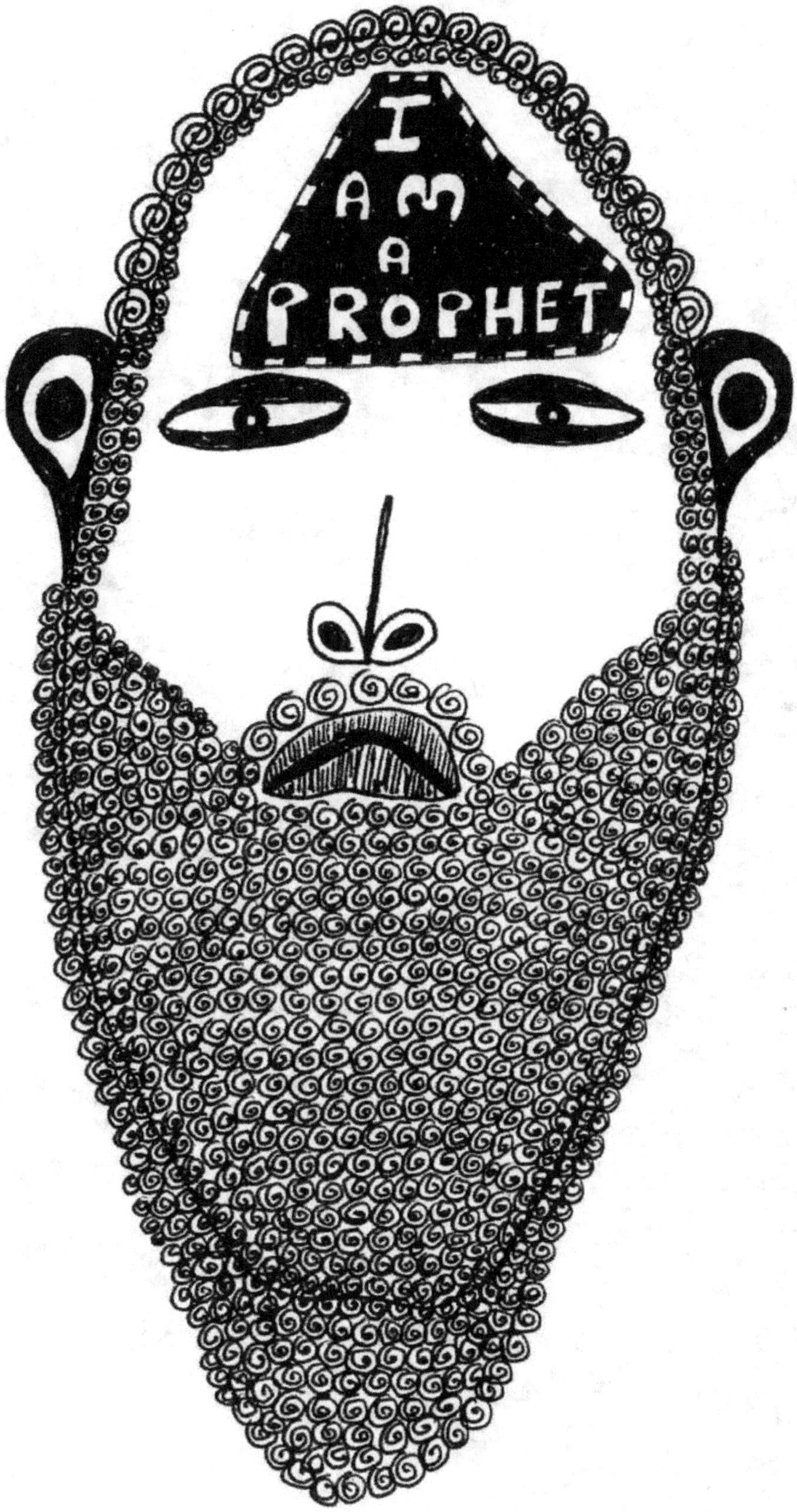
I AM A PROPHET

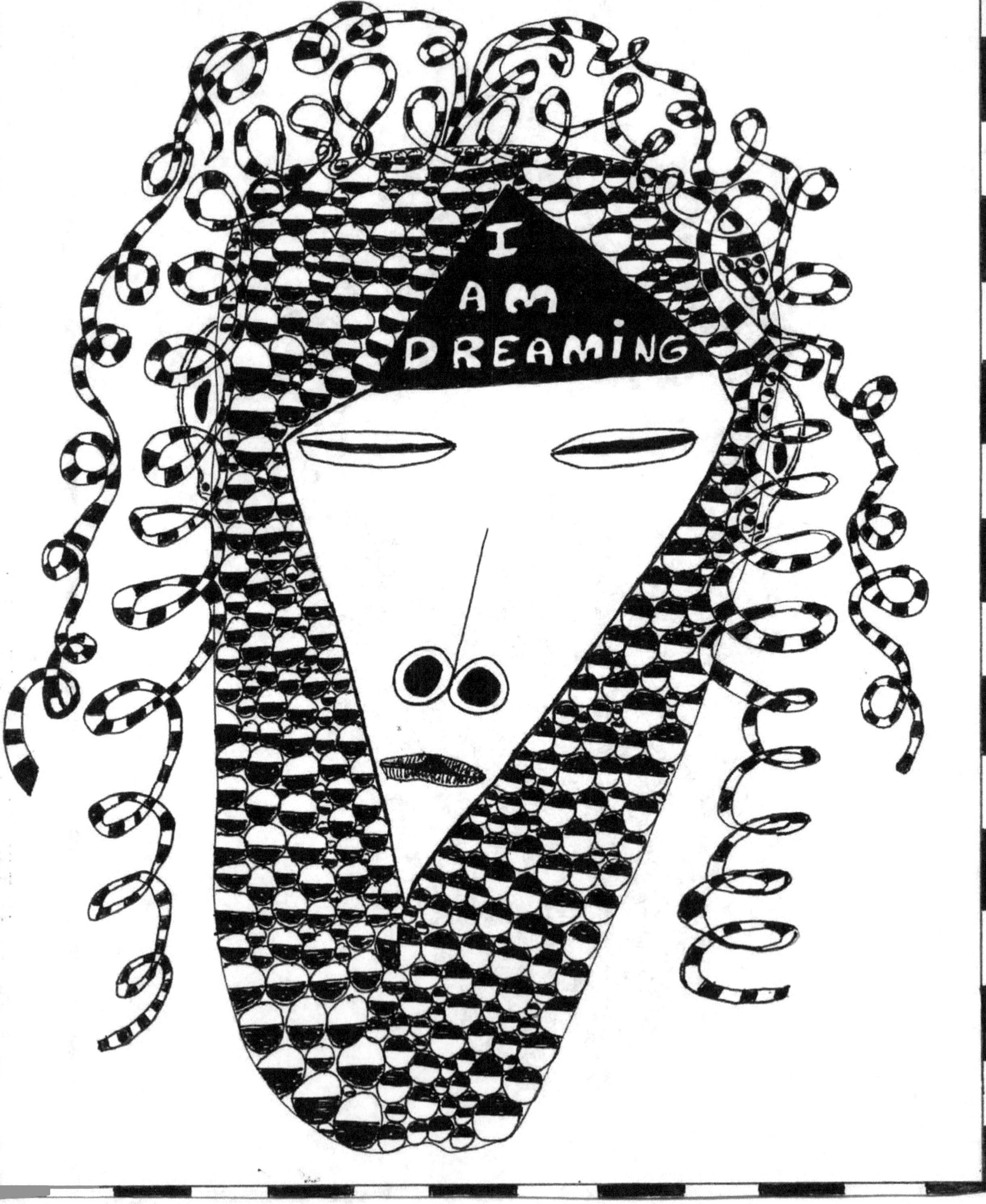
I
AM
DREAMING

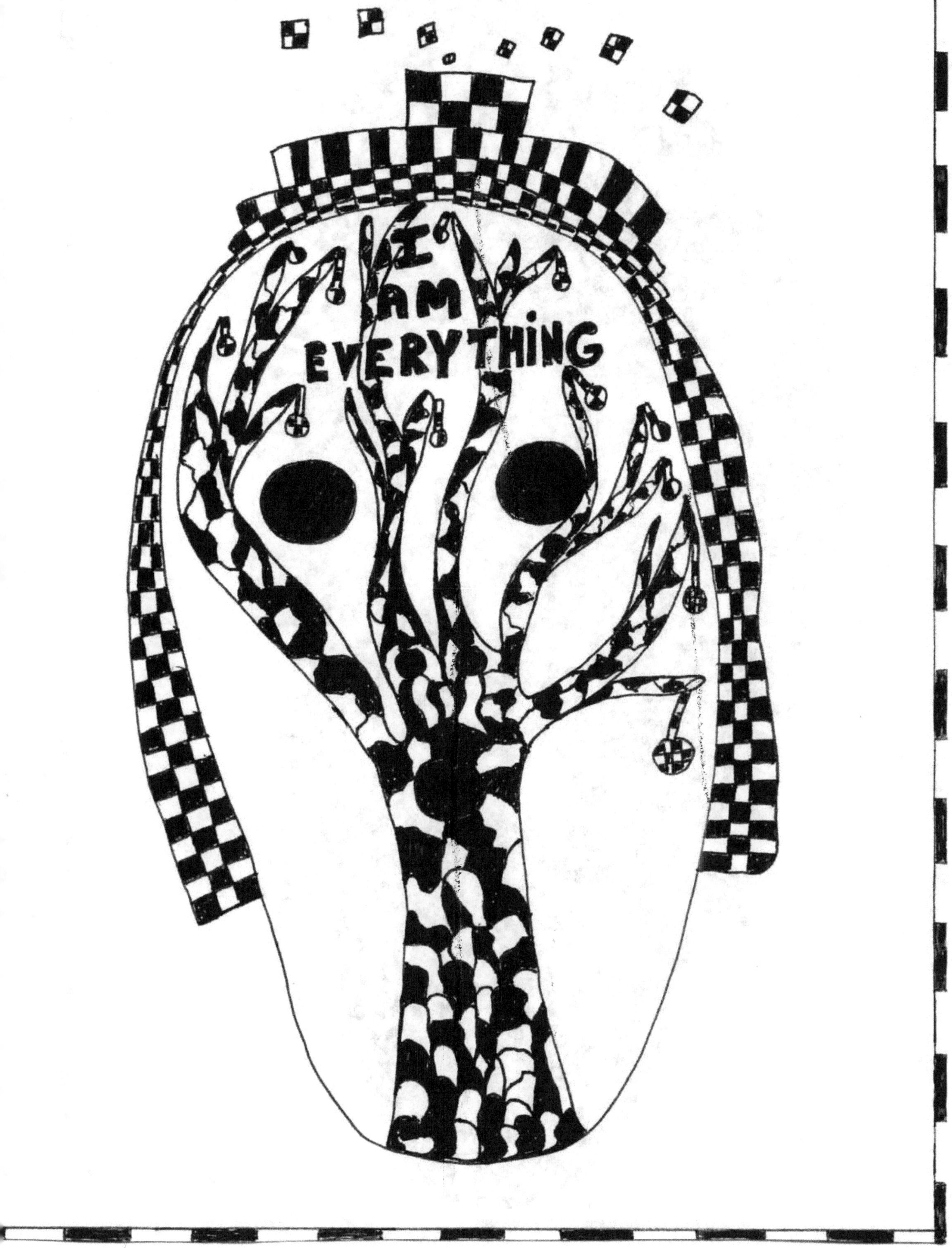
I
AM
EVERYTHING

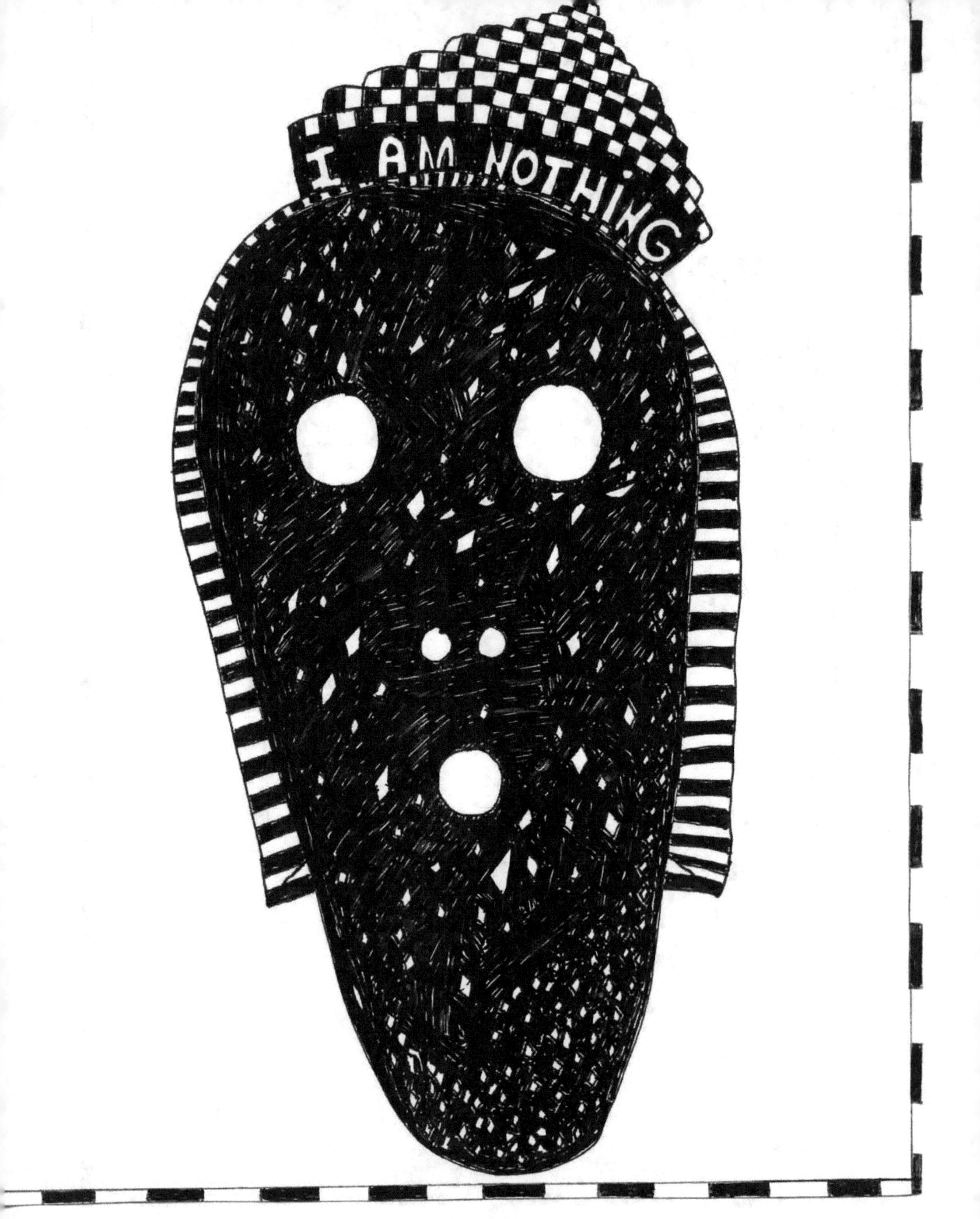
I AM NOTHING

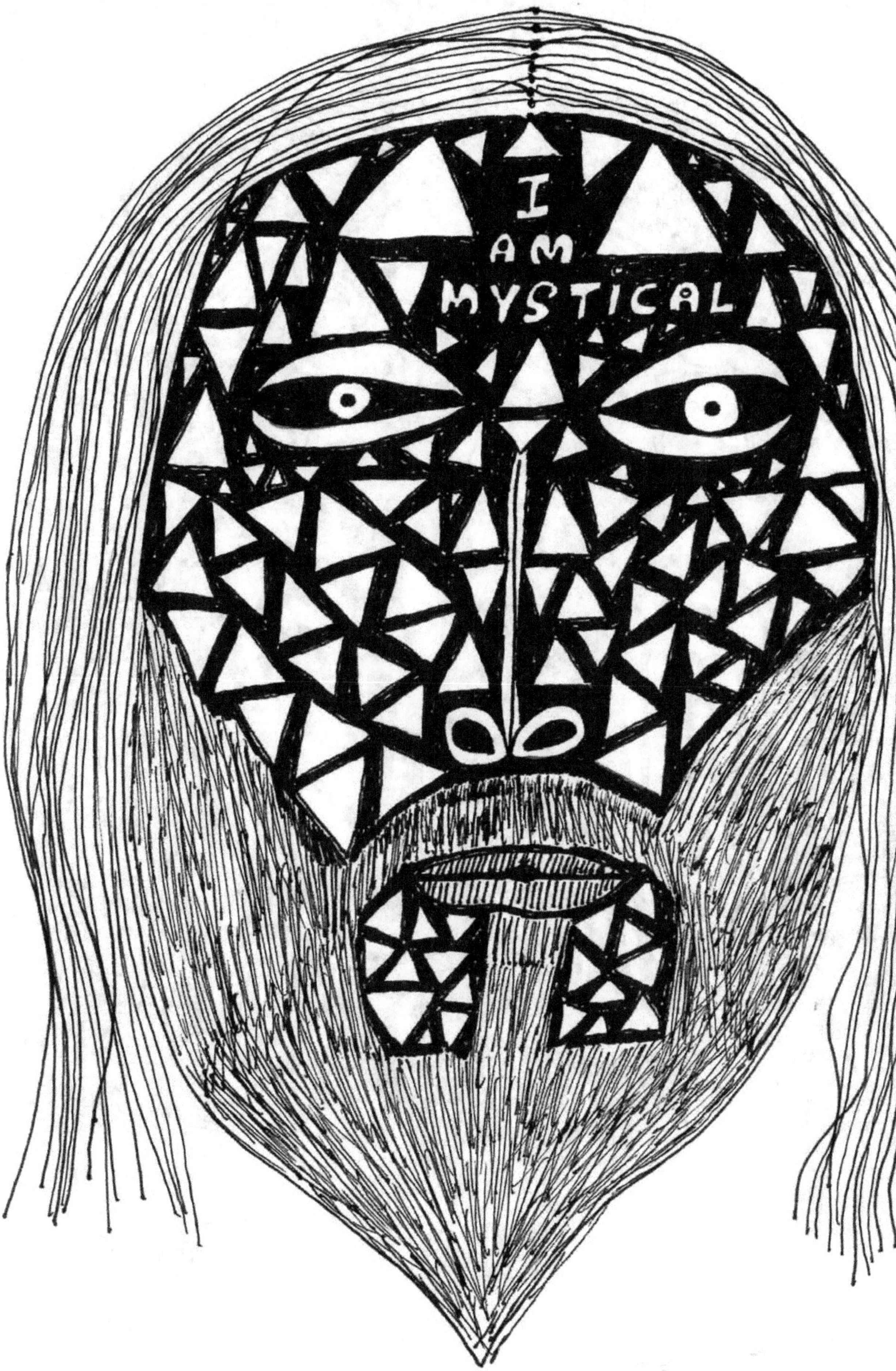
I
AM
MYSTICAL

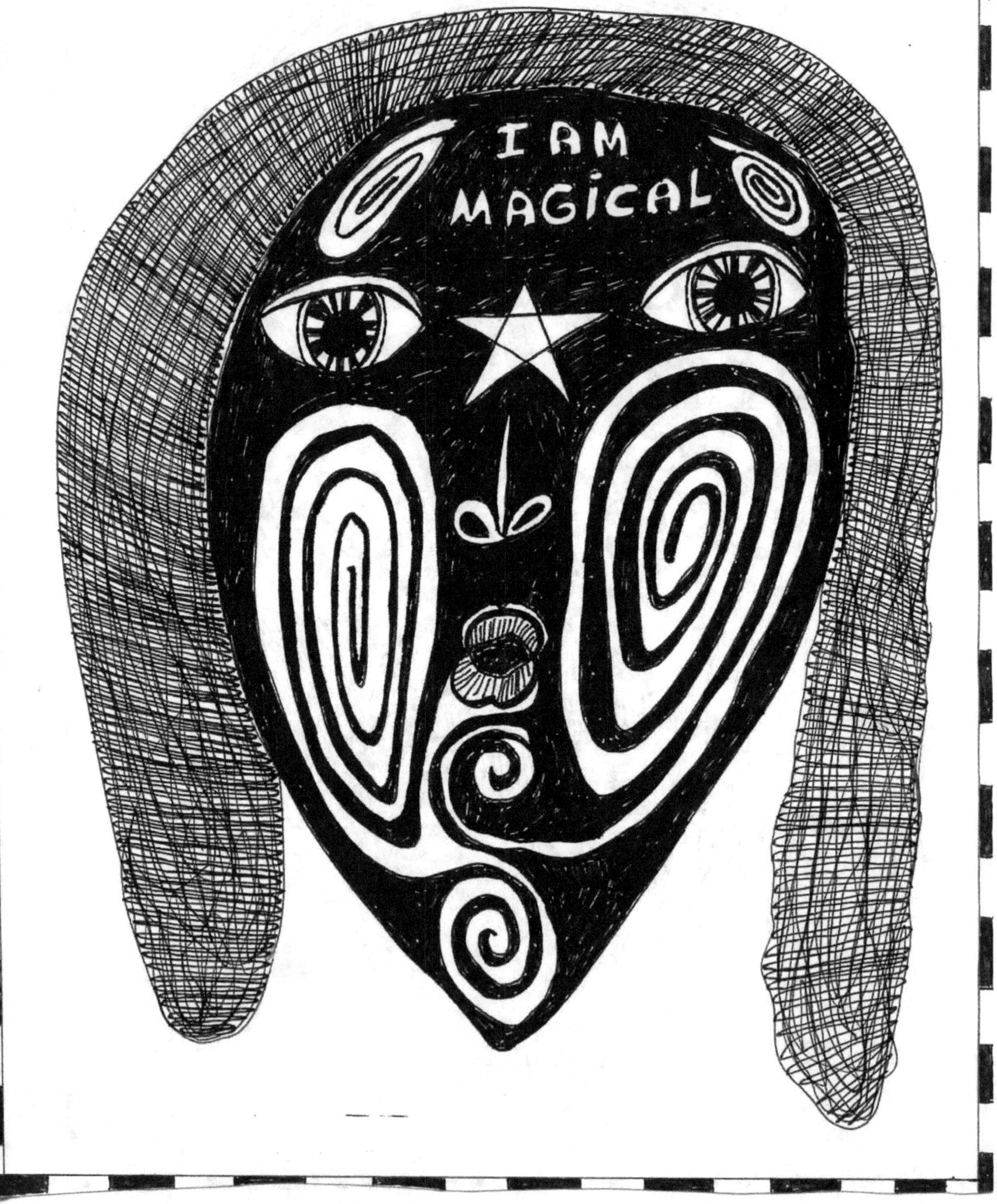
I AM
MAGICAL

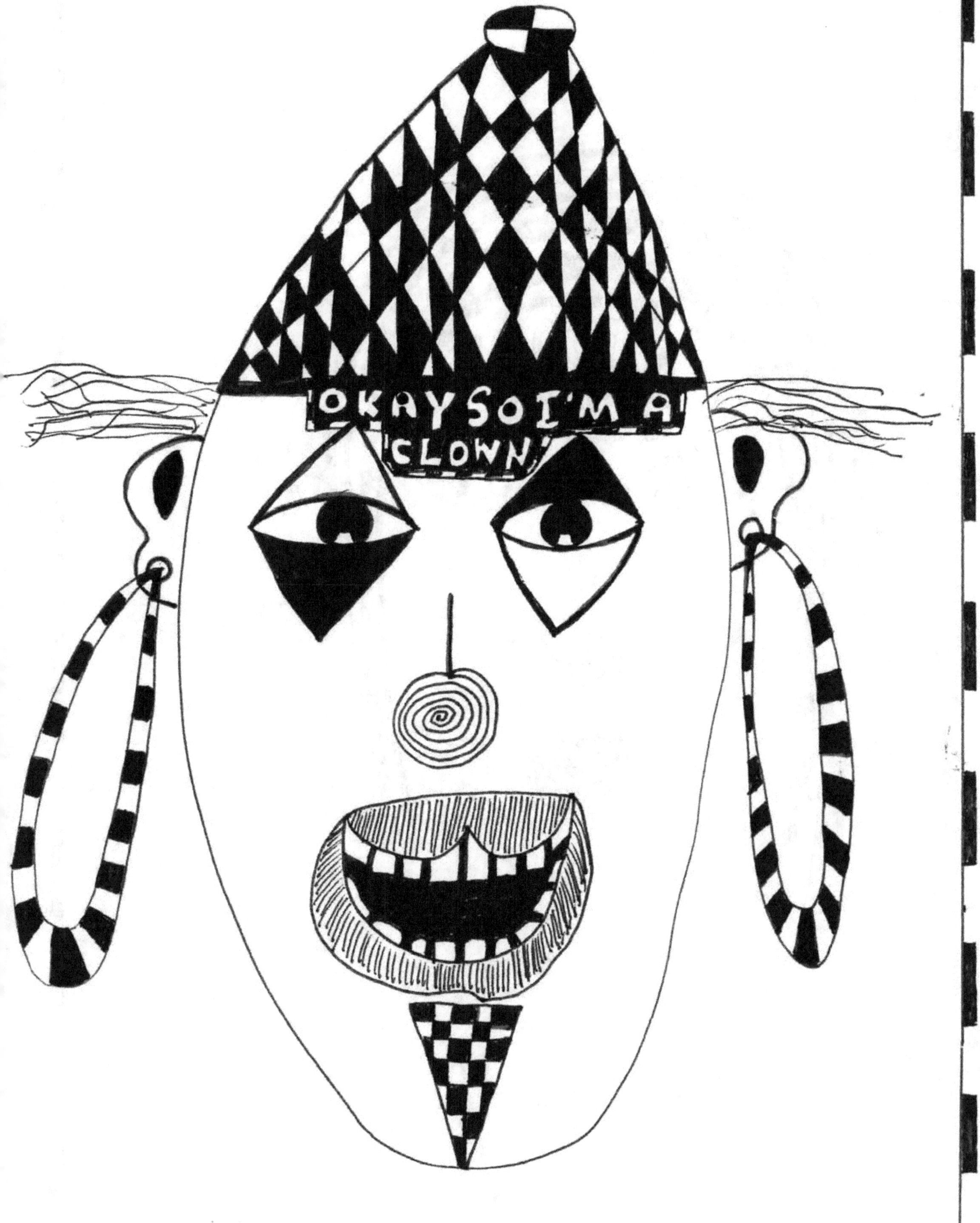
OKAY SO I'M A
CLOWN

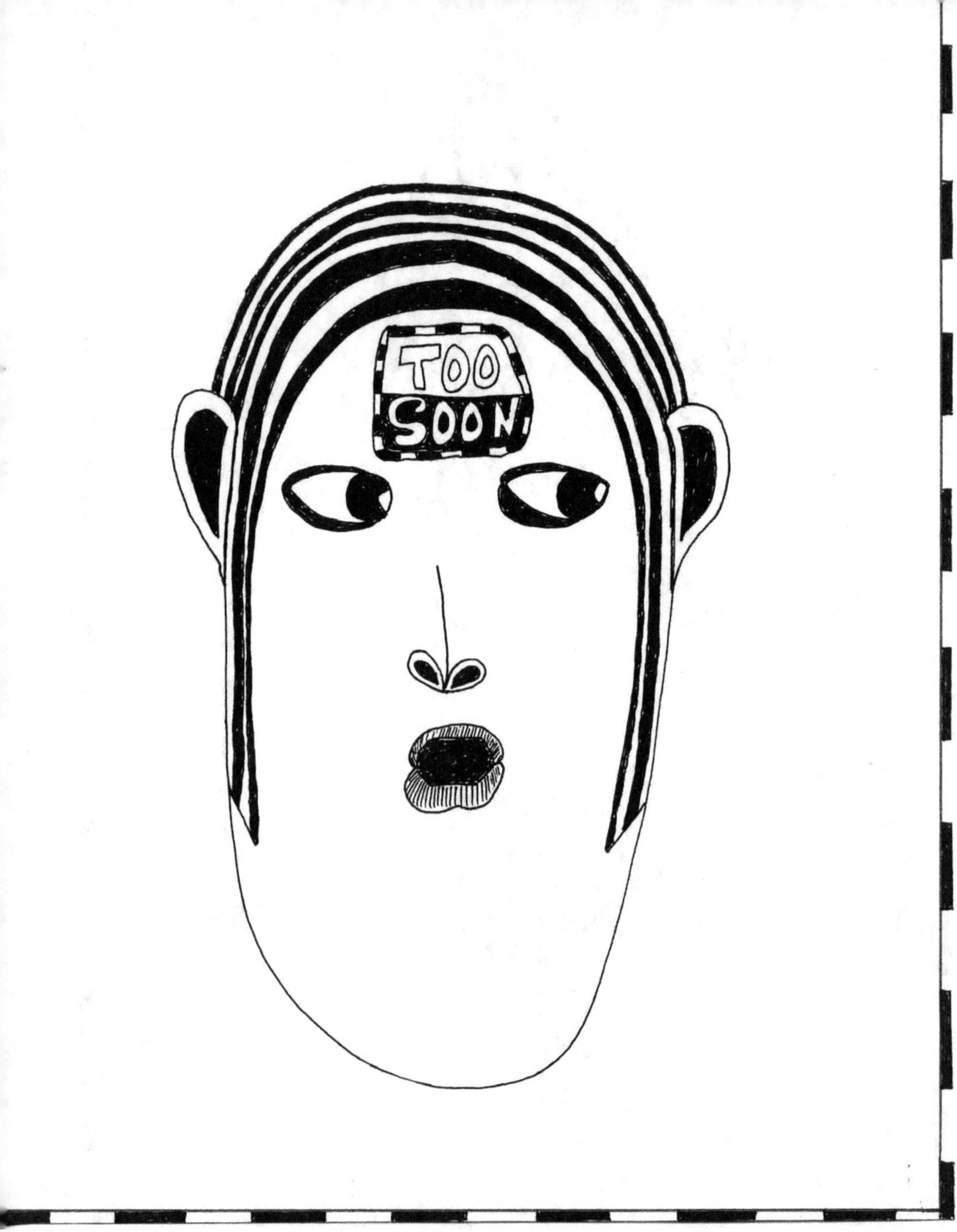
TOO
SOON

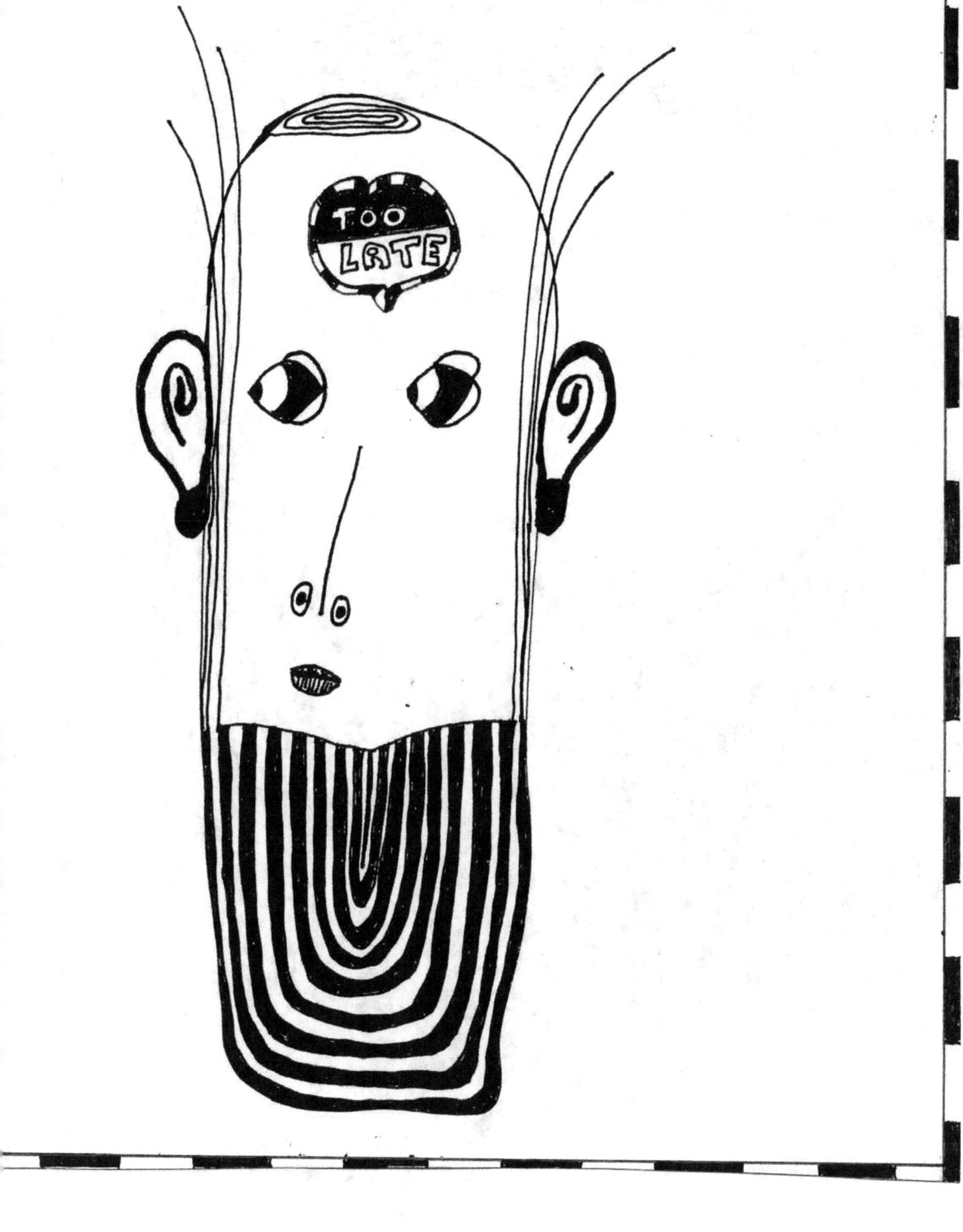
TOO
LATE

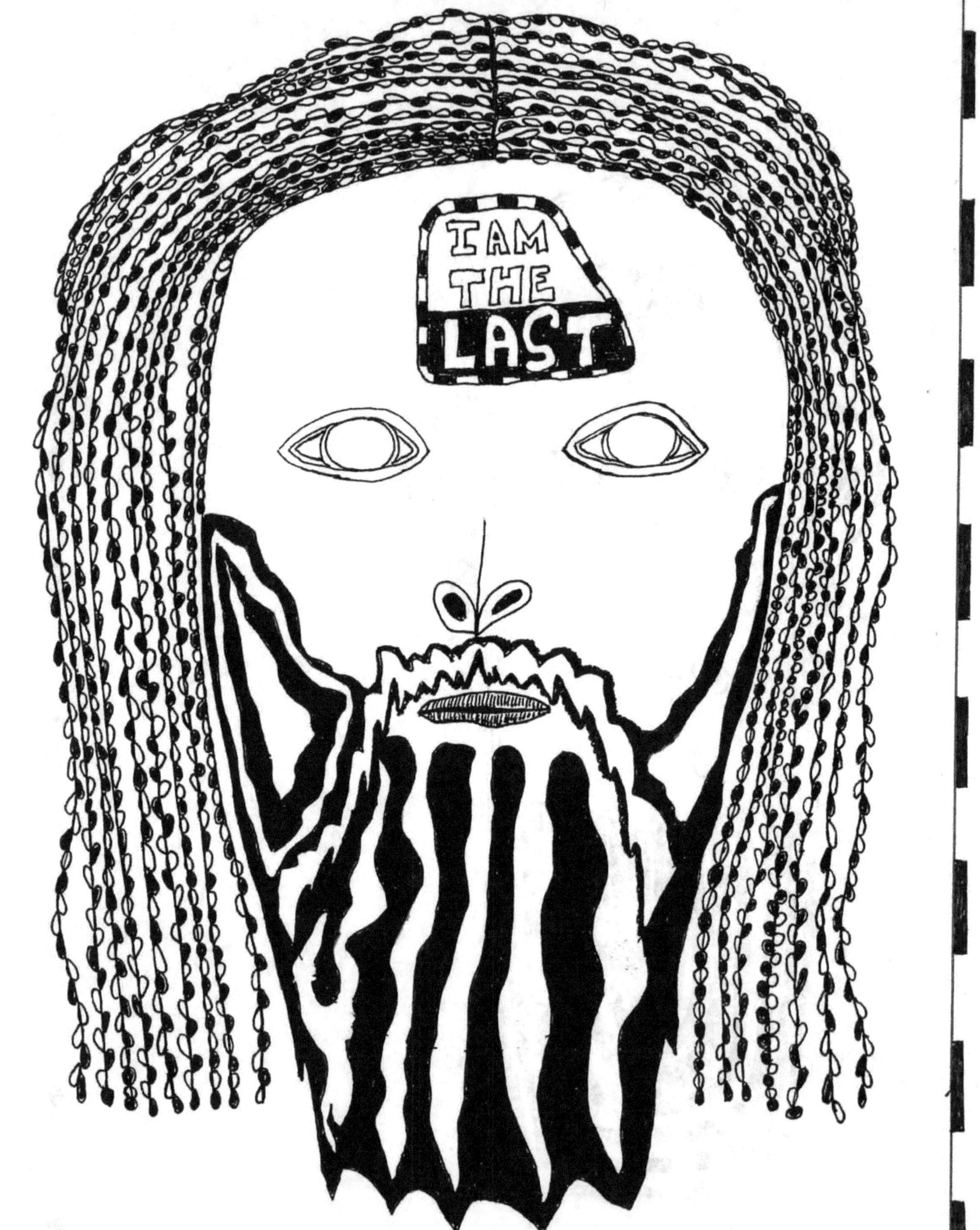
I AM
THE
LAST

www.ingramcontent.com/pod-product-compliance
Lightning Source LLC
Chambersburg PA
CBHW060009210526
45170CB00017B/2120
* 9 7 8 1 5 4 5 3 3 8 7 9 7 *